기적의 숫자 퍼즐

# 네모네모 로직®

8 PLUS

C O N T E N T S



제우미디어

# 풀이법

설명의 순서대로 한 번만 따라 칠해보면 로직해법을 마스터할 수 있습니다!

## 기본 규칙

- 숫자는 '연속해서 칠할 수 있는 칸의 수'를 의미한다.
- 한 줄에 여러 개의 숫자가 있을 때는, 숫자와 숫자 사이에 반드시 한 칸 이상을 띄고 칠해야 한다.
- 칠할 수 없는 칸은 ╳로 표시한다.
- 완성된 숫자는 ○로 표시한다.

**1**

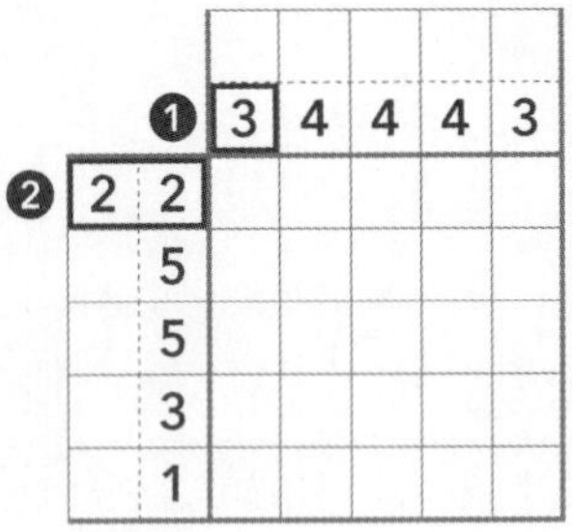


**문제의 크기는 5x5이다.**

❶은 세로 다섯 칸 중 세 칸을 연속해서 칠해야 한다는 뜻이다.

❷는 두 칸을 칠한 후, **한 칸 이상을 띄고** 다시 두 칸을 칠해야 한다는 뜻이다.

**2**

**5는 다섯 칸을 연속해서 칠해야 한다.** 다섯 칸을 모두 칠하고, 완성된 5에 ○로 표시한다.

**3**

**위쪽의 3은, 세 칸이 연속해서 칠해져야 하니** 맨 밑줄은 칠할 수 없게 된다. X로 표시한다.

**4**

위쪽의 4는, 네 칸이 연속해서 칠해져야 한다. **경우의 수를 따져보면** 네 번째 줄을 칠할 수 있다.

### 잠깐!

이 경우, 세 칸을 연속해서 칠할 수 있는 경우는 A, B 두 경우이다. 그러므로 칠할 수 없는 마지막 칸은 X로 표시한다.

### 잠깐!

이 경우, 네 칸을 연속해서 칠할 수 있는 경우는 A, B 두 경우이다. 여기서 네 번째 칸은 무조건 칠해진다.

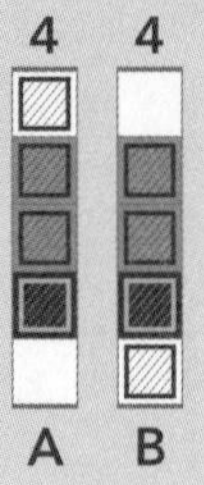

## 5

**왼쪽의 3이 완성**되었으니 숫자에 ○로 표시하고, 네 번째 줄의 양 옆을 ×로 표시한다.

## 6

위쪽의 3을 다시 보면 네 번째, 다섯 번째 칸이 ×로 표시되어 있다. 그럼 첫 번째 칸을 칠해야 3이 완성된다. 완성된 3은 ○로 표시한다.

## 7

**왼쪽의 2는 두 칸이 연속해서 칠해져야 하니**, 두 번째 칸과 네 번째 칸을 칠할 수 있다. 세 번째 칸은 ×로 표시하고, 완성된 2는 ○로 표시한다.

## 8

이렇게 되면 위쪽의 두 번째, 네 번째가 완성된다. 완성된 4를 ○로 표시하고 맨 밑줄은 ×로 표시한다.

## 9

이제 남은 것은 위쪽의 4와 왼쪽의 1이다. **맨 밑줄의 남은 한 칸을 칠하면**, 위쪽의 4이자 왼쪽의 1이 완성된다.

### 잠깐!

네모 로직의 문제 크기가 큰 경우, **큰 숫자부터 공략하는 것**이 쉽다. 예를 들어 문제가 10x10이고 한 줄인 열 칸 중에서 아홉 칸을 연속해서 칠해야 할 때,
전체 칸 수(10) - 해당 칸 수(9) = **빈 칸 수(1)**
이 공식을 이용하면 경우의 수를 쉽게 풀 수 있다. 여기서는 1이 나왔으니 **위아래 한 칸씩**을 비우고 가운데 여덟 칸을 칠한다.

## 중요한 로직 풀이 TIP!

**문제의 크기가 큰 로직 중에는 위의 설명만으로 해결되지 않는 것이 있다. 그럴 때 이것만 기억해 두면 손쉽게 풀 수 있다.**

**위에서부터 칠했을 때와 아래에서부터 칠했을 때 겹쳐지는 칸**이 어디인지를 찾는다. 이때 숫자의 순서는 반드시 지켜야 하며 점을 찍어가며 생각하면 편하다.

❶ 한 칸에 점을 찍고, 한 칸 띄고 6칸에 점을 찍는다.
❷ 뒤에서부터 6칸에 점을 찍고, 한 칸 띄고 한 칸에 점을 찍는다.
❸ 겹치는 부분을 찾아 칠한다.

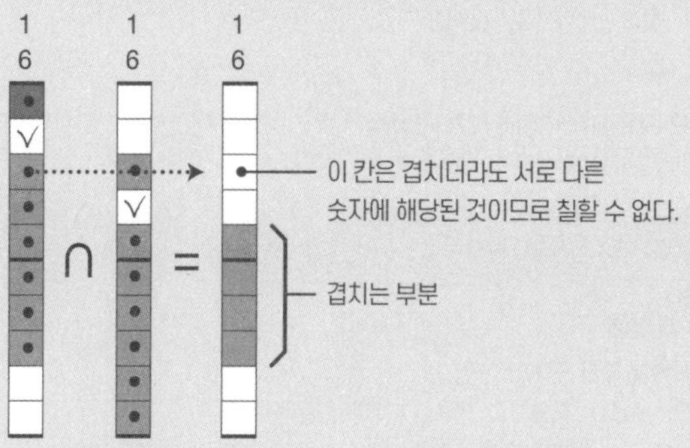

# 네모네모 로직® 플러스 8

**초판 1쇄 펴냄** 2023년 12월 20일

**편　　저** | 제우미디어
**발 행 인** | 서인석
**발 행 처** | 제우미디어
**등 록 일** | 1992. 8. 17
**등록번호** | 제 3-429호
**주　　소** | 서울시 마포구 독막로 76-1 한주빌딩 5층
**전　　화** | 02) 3142-6845
**팩　　스** | 02) 3142-0075

**I S B N** | 979-11-6718-364-4
978-89-5952-895-0 (세트)



**만든 사람들**

**출판사업부 총괄** 손대현
**편집장** 신한길 | **책임편집** 민유경 | **기획** 신은주, 장재경
**영업** 김금남 | **제작** 김용훈 | **문제 디자인** 나영 | **표지·내지 디자인** 디자인그룹올 | **표지·내지 조판** 디자인수

※ 값은 뒤표지에 있습니다.
※ 파본은 구입하신 서점에서 교환해 드립니다.

# A1 + A2

무거운 것을
들어 올릴 수 있어요

**난이도**

★☆☆☆☆

15×15

Column clues:

| | | | | | | | | | | | | | | |
|---|---|---|---|---|---|---|---|---|---|---|---|---|---|---|
| | | | | | 1 | | | 1 | | | | | | |
| | | | | 1 | 1 | 5 | | 1 | 1 | | | | | |
| | | | 2 | 2 | 2 | 2 | 8 | 2 | 2 | 2 | | | | |
| | | 2 | 5 | 2 | 1 | 1 | 1 | 1 | 2 | 5 | 2 | 7 | | |
| 0 | 7 | 2 | 5 | 4 | 1 | 1 | 1 | 1 | 1 | 4 | 6 | 2 | 0 | 0 |

Row clues:

| | | | | | |
|---|---|---|---|---|---|
| | | | | | 2 |
| | | | | | 8 |
| | | | 2 | 2 | 2 |
| | | | 2 | 6 | 2 |
| | 1 | 2 | 2 | 2 | 1 |
| 1 | 1 | 1 | 2 | 1 | 1 |
| | 1 | 1 | 4 | 1 | 1 |
| | 1 | 1 | 2 | 1 | 1 |
| | | 1 | 2 | 2 | 1 |
| | | | 2 | 6 | 2 |
| | | | | 2 | 2 |
| | | | | | 9 |
| | | | | 2 | 2 |
| | | | | 2 | 3 |
| | | | | 2 | 2 |

+

Row clues:

| | | | |
|---|---|---|---|
| | | 2 | 2 |
| | | 2 | 2 |
| | | 2 | 2 |
| | | 2 | 2 |
| | | 6 | 2 |
| 2 | 2 | 2 | 2 |
| | 1 | 1 | 2 |
| | | 8 | 2 |
| | 1 | 6 | 3 |
| | 1 | 6 | 2 |
| | 1 | 6 | 2 |
| | 1 | 6 | 2 |
| | 2 | 5 | 2 |
| | | 6 | 2 |
| | | | 2 |

15×15

Column clues:

| | | | | | | | | | | | | | | |
|---|---|---|---|---|---|---|---|---|---|---|---|---|---|---|
| 8 | 2 | 1 | 6 | 6 | 1 | 2 | 8 | 0 | 0 | 0 | 5 | 9 | 10 | 7 |
| | 1 | 5 | 7 | 7 | 7 | 7 | | | | | | | | |
| | 2 | 1 | | | | | | | | | | | | |

# A3 + A4

작은 것을 확대해서 봐요

난이도

★☆☆☆☆

15×15

Column clues (top puzzle):

| | | | | | | | | | | | | | | |
|---|---|---|---|---|---|---|---|---|---|---|---|---|---|---|
| | | | | | | | | | | 2 | | | | |
| | | 2 | 3 | 3 | | | 3 | 2 | 3 | 3 | 5 | 2 | | |
| | 3 | 2 | 2 | 1 | 2 | 5 | 1 | 2 | 6 | 1 | 1 | 2 | | |
| 4 | 2 | 1 | 1 | 1 | 3 | 4 | 5 | 6 | 1 | 1 | 2 | 2 | 2 | 4 |

Row clues (top puzzle):

| | | | |
|---|---|---|---|
| | | | 2 |
| | | | 4 |
| | | | 7 |
| | | 3 | 4 |
| | 1 | 3 | 2 |
| | | 2 | 4 |
| | | 1 | 3 |
| | | 2 | 3 |
| | | 2 | 3 |
| | | 1 | 6 |
| | 3 | 4 | 2 |
| 1 | 2 | 3 | 2 |
| | 1 | 9 | 1 |
| 2 | 2 | 2 | 1 |
| | 5 | 1 | 1 |

+

Row clues (bottom puzzle):

| | | | |
|---|---|---|---|
| | | 1 | 1 |
| | | 1 | 1 |
| | | 2 | 1 |
| | | 1 | 2 |
| | | 8 | 4 |
| 2 | 2 | 2 | 2 |
| | 6 | 1 | 1 |
| 1 | 2 | 2 | 2 |
| | | 2 | 9 |
| | 2 | 2 | 1 |
| | | 5 | 1 |
| | | 1 | 1 |
| | | | 14 |
| | | 1 | 1 |
| | | | 14 |

15×15

Column clues (bottom puzzle):

| | | | | | | | | | | | | | | |
|---|---|---|---|---|---|---|---|---|---|---|---|---|---|---|
| 2 | 3 | 1 | 1 | 1 | 1 | 3 | 2 | 5 | 5 | 2 | 3 | 3 | 10 | 4 |
| | 3 | 3 | 1 | 2 | 3 | 1 | 1 | 1 | 1 | 2 | 1 | 2 | 1 | 3 |
| | | 1 | 2 | 2 | 1 | 1 | 1 | | 1 | 1 | 1 | 2 | | |
| | | 1 | 1 | 1 | 1 | 1 | 1 | | | 1 | 1 | 1 | | |
| | | | 1 | 1 | 1 | 1 | 1 | | | | | 1 | | |

## A5

달콤한 초콜릿이
쏙쏙 박혀있어요

난이도

★☆☆☆☆

15×15

Column clues:

| | | | | | | | | | | | | | | |
|---|---|---|---|---|---|---|---|---|---|---|---|---|---|---|
| | | | | | | | 2 | | | | | | | |
| | | 2 | 1 | 2 | | 1 | 2 | | 1 | 2 | 1 | | | |
| | | 2 | 2 | 2 | 1 | 4 | 2 | 2 | 2 | 3 | 3 | 2 | 2 | |
| | 2 | 2 | 3 | 3 | 4 | 2 | 2 | 2 | 2 | 2 | 3 | 3 | 2 | |
| 9 | 2 | 2 | 1 | 2 | 1 | 1 | 1 | 1 | 1 | 4 | 3 | 2 | 3 | 8 |

Row clues:

| | | | | |
|---|---|---|---|---|
| | | | | 7 |
| | | 3 | 2 | 3 |
| | | 2 | 2 | 2 |
| | 2 | 4 | 2 | 2 |
| | 1 | 4 | 3 | 1 |
| 1 | 2 | 2 | 3 | 2 |
| | | 1 | 2 | 2 |
| | 1 | 2 | 2 | 1 |
| 1 | 2 | 2 | 3 | 1 |
| | 1 | 3 | 3 | 1 |
| | | 1 | 3 | 2 |
| | 2 | 2 | 3 | 1 |
| | | 2 | 2 | 5 |
| | | | 3 | 3 |
| | | | | 7 |

## A6

꽥꽥 물속에서 헤엄쳐요

난이도

★⯪☆☆☆

15×15

Column clues:

| | | | | | | | | | | | | | | |
|---|---|---|---|---|---|---|---|---|---|---|---|---|---|---|
| | | | | | | 1 | | 2 | 2 | | | | | |
| | 3 | | 2 | 1 | 1 | 2 | 1 | 1 | 2 | 5 | 1 | 2 | 1 | |
| 2 | 2 | 7 | 2 | 1 | 2 | 3 | 2 | 1 | 1 | 1 | 1 | 1 | 2 | |
| 7 | 3 | 2 | 1 | 1 | 1 | 1 | 3 | 2 | 2 | 2 | 2 | 3 | 5 | 10 |

Row clues:

| | | | |
|---|---|---|---|
| | | | 6 |
| | | 2 | 2 |
| | | 1 | 2 |
| | 3 | 2 | 1 |
| 4 | 2 | 1 | 2 |
| | 4 | 3 | 1 |
| | 1 | 2 | 1 |
| | 2 | 2 | 3 |
| | 2 | 2 | 2 |
| | 1 | 3 | 1 |
| | 1 | 2 | 2 |
| | 1 | 1 | 2 |
| | 2 | 2 | 3 |
| | | 3 | 8 |
| | | | 15 |

# A7

팝콘의 재료예요

**난이도** ★☆☆☆☆ (half star)

20×20

| Column | Clue |
|---|---|
| 1 | 8 |
| 2 | 12 |
| 3 | 1 6 1 1 1 3 |
| 4 | 20 |
| 5 | 8 1 1 1 5 |
| 6 | 20 |
| 7 | 5 1 1 1 4 |
| 8 | 15 |
| 9 | 1 1 1 1 1 1 4 |
| 10 | 15 |
| 11 | 2 1 1 1 5 |
| 12 | 15 |
| 13 | 2 1 1 5 |
| 14 | 14 |
| 15 | 1 1 1 1 2 |
| 16 | 12 |
| 17 | 2 1 1 4 |
| 18 | 14 |
| 19 | 2 1 3 8 |
| 20 | 6 6 |

| Row | Clue |
|---|---|
| 1 | 4 3 |
| 2 | 4 7 |
| 3 | 4 4 1 1 1 |
| 4 | 4 12 |
| 5 | 6 1 1 1 1 1 1 |
| 6 | 18 |
| 7 | 4 1 1 1 1 1 3 |
| 8 | 18 |
| 9 | 3 1 1 1 1 1 1 1 |
| 10 | 18 |
| 11 | 2 1 1 1 1 1 1 5 |
| 12 | 20 |
| 13 | 2 1 1 1 1 9 |
| 14 | 14 3 |
| 15 | 2 1 1 1 5 2 |
| 16 | 13 2 |
| 17 | 2 9 1 |
| 18 | 11 |
| 19 | 8 |
| 20 | 4 |

# A8

실험할 때 가열하기
위해 사용해요

**난이도** ★☆☆☆☆

20×20

| Column | Clue |
|---|---|
| 1 | 6 |
| 2 | 6 |
| 3 | 8 |
| 4 | 2 2 |
| 5 | 1 3 1 |
| 6 | 2 1 1 1 |
| 7 | 5 1 1 3 |
| 8 | 8 1 1 2 |
| 9 | 4 1 1 4 2 |
| 10 | 2 11 3 |
| 11 | 2 5 1 5 |
| 12 | 7 1 1 3 1 |
| 13 | 4 1 1 2 |
| 14 | 1 1 3 |
| 15 | 2 1 1 1 |
| 16 | 1 3 1 |
| 17 | 2 2 |
| 18 | 8 |
| 19 | 6 |
| 20 | 6 |

| Row | Clue |
|---|---|
| 1 | 3 |
| 2 | 5 |
| 3 | 3 2 |
| 4 | 3 2 |
| 5 | 2 2 |
| 6 | 2 1 2 |
| 7 | 2 1 2 |
| 8 | 5 |
| 9 | 2 |
| 10 | 10 |
| 11 | 2 2 2 |
| 12 | 1 3 1 |
| 13 | 2 2 2 |
| 14 | 1 10 1 |
| 15 | 3 1 2 1 3 |
| 16 | 3 1 3 1 3 |
| 17 | 3 1 2 1 3 |
| 18 | 3 2 3 2 3 |
| 19 | 4 5 2 4 |
| 20 | 20 |

# A9 + A10

이 집에는 누가 살까요?

난이도

★☆☆☆☆

**A9** (20×20)

Column clues (left to right, read top to bottom):

| | | | | | | | | | | | | | | | | | | | |
|---|---|---|---|---|---|---|---|---|---|---|---|---|---|---|---|---|---|---|---|
| 7 | 2 5 | 2 2 2 3 | 6 5 | 1 4 3 | 2 3 1 | 8 2 | 1 4 1 1 5 | 9 1 2 1 2 | 9 1 1 1 1 | 5 2 1 7 | 1 2 2 1 1 1 1 | 1 6 1 2 1 2 | 8 2 5 | 8 2 | 3 3 1 | 3 1 6 | 2 1 1 4 | 5 2 | 6 |

Row clues (top to bottom):

| |
|---|
| 5 |
| 5 2 |
| 2 3 3 |
| 12 |
| 1 11 |
| 3 4 3 2 |
| 10 7 |
| 1 4 8 2 |
| 1 13 2 |
| 5 4 |
| 3 9 2 |
| 2 3 4 1 |
| 3 1 5 1 2 |
| 4 2 1 2 3 |
| 1 1 1 1 1 |
| 1 7 1 |
| 1 1 1 1 2 |
| 2 2 1 2 1 |
| 1 5 1 |
| 1 1 |

\+

**A10** (20×20, printed sideways)

Column clues (left to right, read top to bottom):

| | | | | | | | | | | | | | | | | | | | |
|---|---|---|---|---|---|---|---|---|---|---|---|---|---|---|---|---|---|---|---|
| 1 1 4 | 8 1 2 | 8 2 1 | 3 6 1 1 | 1 1 4 8 | 4 8 | 4 14 | 5 1 1 5 | 3 1 1 1 1 1 2 | 1 1 1 1 1 1 1 | 2 1 1 2 1 1 1 2 | 1 1 1 2 1 1 1 1 | 1 1 1 1 1 1 1 | 1 1 1 1 1 1 1 | 1 1 2 1 2 1 1 | 2 2 3 2 2 1 | 1 2 4 2 2 | 2 2 2 1 | 1 6 2 | 1 1 |

Row clues (top to bottom):

| |
|---|
| 6 6 |
| 1 6 3 |
| 6 3 |
| 2 3 |
| 3 9 |
| 5 1 2 |
| 4 9 2 |
| 4 1 2 2 |
| 5 1 2 2 1 |
| 3 11 1 |
| 2 1 1 1 |
| 1 2 2 1 |
| 3 2 2 |
| 3 11 2 |
| 1 6 2 |
| 1 12 |
| 2 4 |
| 8 2 |
| 3 3 3 |
| 2 7 |

# A11

학생들이 매고 다녀요

**난이도**

★☆☆☆☆

20×20

Column clues (top to bottom):

| Column | Clues |
|---|---|
| 1 | 12 |
| 2 | 16 |
| 3 | 10 4 |
| 4 | 1 2 8 |
| 5 | 1 3 3 1 2 |
| 6 | 1 3 2 1 |
| 7 | 2 2 7 1 |
| 8 | 2 2 2 1 1 |
| 9 | 3 2 10 |
| 10 | 1 1 2 2 |
| 11 | 4 1 2 3 1 |
| 12 | 1 3 1 1 6 1 |
| 13 | 1 2 1 1 3 2 1 |
| 14 | 1 1 1 1 6 1 |
| 15 | 2 1 1 1 6 1 |
| 16 | 6 1 3 2 1 |
| 17 | 2 1 6 1 |
| 18 | 3 3 1 |
| 19 | 3 3 |
| 20 | 8 |

Row clues (left to right):

| Row | Clues |
|---|---|
| 1 | 5 4 |
| 2 | 2 2 1 2 |
| 3 | 3 2 2 1 |
| 4 | 5 1 3 1 |
| 5 | 3 1 9 |
| 6 | 3 4 2 |
| 7 | 3 2 10 |
| 8 | 3 1 2 1 |
| 9 | 3 1 2 9 |
| 10 | 3 1 1 2 1 |
| 11 | 2 1 1 2 2 |
| 12 | 2 1 1 1 2 2 1 |
| 13 | 2 1 1 1 6 1 |
| 14 | 2 4 1 8 1 |
| 15 | 4 4 2 2 2 1 |
| 16 | 3 1 8 1 |
| 17 | 3 1 6 1 |
| 18 | 2 1 2 2 |
| 19 | 2 2 1 |
| 20 | 15 |

# A12

덩굴 끝에 이쁜 꽃이 있어요

**난이도**

★☆☆☆☆

20×20

Column clues (top to bottom):

| Column | Clues |
|---|---|
| 1 | 6 |
| 2 | 9 |
| 3 | 5 4 |
| 4 | 5 5 5 |
| 5 | 2 2 5 2 2 |
| 6 | 3 1 1 4 2 |
| 7 | 5 5 3 |
| 8 | 5 5 1 |
| 9 | 2 5 4 |
| 10 | 1 2 2 6 |
| 11 | 3 7 2 |
| 12 | 3 6 2 |
| 13 | 10 4 |
| 14 | 8 1 2 |
| 15 | 4 1 2 1 |
| 16 | 1 1 1 2 2 |
| 17 | 4 3 2 4 |
| 18 | 3 5 1 7 |
| 19 | 1 2 1 6 |
| 20 | 3 3 |

Row clues (left to right):

| Row | Clues |
|---|---|
| 1 | 7 2 |
| 2 | 6 4 2 |
| 3 | 7 5 4 |
| 4 | 3 3 1 5 1 |
| 5 | 5 2 5 2 |
| 6 | 6 6 2 |
| 7 | 3 9 |
| 8 | 2 3 2 4 2 |
| 9 | 5 3 8 |
| 10 | 5 7 3 |
| 11 | 10 2 1 |
| 12 | 8 2 3 |
| 13 | 2 1 2 1 |
| 14 | 2 1 1 3 |
| 15 | 2 3 2 2 |
| 16 | 1 1 6 2 |
| 17 | 1 1 1 2 4 |
| 18 | 1 3 2 |
| 19 | 4 2 |
| 20 | 2 2 |

# A13 + A14

엄청난 인기를 누린 춤이에요

**난이도**

★☆☆☆☆

## A13 (20×20)

Column clues (left to right):

1. 1 2
2. 3 2 4
3. 1 3 6
4. 10 6
5. 4 1 8
6. 4 3 7
7. 3 4 6
8. 2 4 2 6
9. 2 5 6
10. 2 3 2 1 2
11. 2 2 1 2 1 1
12. 2 2 2 2 1 1
13. 2 5 3 1
14. 2 4 2 5
15. 3 4 6
16. 2 3 7
17. 3 1 9
18. 9 6
19. 3 2 5
20. 2 3

Row clues (top to bottom):

1. 1 10
2. 3 11
3. 1 3 3
4. 3 3
5. 2 2
6. 1 4 4 1
7. 1 13
8. 8 5 2
9. 2 5 3 2
10. 2 1 1 2
11. 1 1 3 1 1
12. 2 1 1 3 1 2
13. 2 2 1 2
14. 2 2 2
15. 10 4
16. 8 8
17. 9 8
18. 19
19. 8 7
20. 7 8

+

## A14 (20×20)

Side clues (as printed, top to bottom):

1. 4 3 4
2. 4 5
3. 4 5
4. 19
5. 5 4 3
6. 4 2
7. 3 2
8. 1 1
9. 2 8 1
10. 1 2 2 1
11. 1 1 2 2
12. 2 2 2 1
13. 2 2 4 2
14. 1 3 1 4
15. 2 2 1 3 2
16. 3 3 5
17. 5 5
18. 4 3
19. 3
20. 20

Bottom clues (as printed, left to right):

1. 2 4 1
2. 7 2 1
3. 7 3 1
4. 7 2 1
5. 5 1 2
6. 2 1 6
7. 1 3 2 4
8. 1 2 3 3 1
9. 2 1 6 1
10. 1 2 1 2 1
11. 1 2 1 1
12. 1 2 1 2 2 1
13. 1 1 7 1
14. 1 3 1 3 1
15. 2 1 2 2 3 1
16. 5 5 1
17. 5 2 2 1
18. 6 2 1
19. 3 2 3 1
20. 2 5 1

# A15

가위바위보!

난이도

★☆☆☆☆

20×20

| Column | Clue |
|---|---|
| 1 | 8 |
| 2 | 7 |
| 3 | 5 1 |
| 4 | 4 1 1 1 1 |
| 5 | 3 1 2 1 1 |
| 6 | 2 4 1 2 1 |
| 7 | 2 2 2 3 2 |
| 8 | 1 4 1 2 2 |
| 9 | 1 2 1 2 |
| 10 | 1 2 1 2 |
| 11 | 1 4 2 3 |
| 12 | 1 6 3 3 |
| 13 | 3 2 3 3 |
| 14 | 3 2 1 4 |
| 15 | 3 5 6 |
| 16 | 5 3 7 |
| 17 | 5 2 5 |
| 18 | 6 5 6 |
| 19 | 8 7 |
| 20 | 20 |

| Row | Clue |
|---|---|
| 1 | 20 |
| 2 | 7 8 |
| 3 | 5 8 |
| 4 | 4 5 |
| 5 | 3 1 2 5 |
| 6 | 2 2 2 3 |
| 7 | 2 3 1 1 2 |
| 8 | 1 1 1 1 2 2 |
| 9 | 3 1 2 1 1 |
| 10 | 2 2 1 1 1 |
| 11 | 5 1 1 1 |
| 12 | 3 2 1 1 |
| 13 | 4 2 1 |
| 14 | 3 2 2 2 |
| 15 | 3 6 3 |
| 16 | 5 6 |
| 17 | 3 7 |
| 18 | 3 10 |
| 19 | 14 |
| 20 | 17 |

# A16

신나게 이리저리 차며 놀아요

난이도

★☆☆☆☆

20×20

| Column | Clue |
|---|---|
| 1 | 8 |
| 2 | 4 3 |
| 3 | 2 2 1 2 |
| 4 | 2 2 2 2 |
| 5 | 3 1 1 2 |
| 6 | 4 5 3 |
| 7 | 5 6 6 |
| 8 | 15 3 |
| 9 | 5 7 2 |
| 10 | 4 6 2 |
| 11 | 1 2 3 2 3 |
| 12 | 1 1 1 2 1 1 |
| 13 | 1 2 2 3 1 |
| 14 | 2 1 1 2 2 |
| 15 | 9 5 |
| 16 | 5 2 6 |
| 17 | 4 9 |
| 18 | 3 1 3 |
| 19 | 3 2 3 |
| 20 | 8 |

| Row | Clue |
|---|---|
| 1 | 8 |
| 2 | 6 3 |
| 3 | 8 3 |
| 4 | 11 4 |
| 5 | 2 4 7 |
| 6 | 1 1 5 |
| 7 | 2 1 1 2 |
| 8 | 3 3 1 1 |
| 9 | 1 2 5 3 1 |
| 10 | 1 10 3 2 |
| 11 | 1 6 5 |
| 12 | 1 6 1 1 |
| 13 | 1 7 1 1 |
| 14 | 4 4 2 2 |
| 15 | 1 2 2 5 |
| 16 | 2 1 8 |
| 17 | 2 2 6 |
| 18 | 5 3 3 |
| 19 | 7 3 |
| 20 | 8 |

# A17 + A18

이쁜 동그라미를 그릴 수 있어요

난이도

★☆☆☆☆

20×20

Column clues (top to bottom):

| Col | 1 | 2 | 3 | 4 | 5 | 6 | 7 | 8 | 9 | 10 | 11 | 12 | 13 | 14 | 15 | 16 | 17 | 18 | 19 | 20 |
|---|---|---|---|---|---|---|---|---|---|---|---|---|---|---|---|---|---|---|---|---|
| | 0 | 14 | 14 | 14 | 0 | 0 | 4 | 5 | 9 | 2 2 2 | 4 3 2 5 | 4 1 1 3 | 4 3 3 | 5 6 | 15 | 6 9 | 7 | 3 | 0 | 0 |

Row clues:

| Row | Clue |
|---|---|
| 1 | 4 |
| 2 | 4 |
| 3 | 4 |
| 4 | 6 |
| 5 | 2 3 |
| 6 | 1 2 |
| 7 | 3 1 3 2 |
| 8 | 3 1 1 1 2 |
| 9 | 3 1 3 2 |
| 10 | 3 1 2 |
| 11 | 3 2 2 |
| 12 | 3 3 4 |
| 13 | 3 2 6 |
| 14 | 3 1 6 |
| 15 | 3 1 2 4 |
| 16 | 3 1 1 4 |
| 17 | 3 2 1 3 |
| 18 | 3 1 1 4 |
| 19 | 3 1 2 3 |
| 20 | 3 1 1 3 |

+

Row clues:

| Row | Clue |
|---|---|
| 1 | 3 1 1 3 |
| 2 | 3 1 1 3 |
| 3 | 3 1 2 3 |
| 4 | 3 1 1 4 |
| 5 | 3 2 1 3 |
| 6 | 3 1 1 3 |
| 7 | 3 1 2 3 |
| 8 | 3 1 1 3 |
| 9 | 3 1 1 3 |
| 10 | 5 2 3 |
| 11 | 4 1 3 |
| 12 | 5 1 3 |
| 13 | 1 2 3 |
| 14 | 1 1 3 |
| 15 | 1 1 3 |
| 16 | 7 2 |
| 17 | 3 2 |
| 18 | 3 2 |
| 19 | 1 2 |
| 20 | 1 1 |

20×20

Column clues:

| Col | 1 | 2 | 3 | 4 | 5 | 6 | 7 | 8 | 9 | 10 | 11 | 12 | 13 | 14 | 15 | 16 | 17 | 18 | 19 | 20 |
|---|---|---|---|---|---|---|---|---|---|---|---|---|---|---|---|---|---|---|---|---|
| | 5 | 12 3 | 12 5 | 12 3 | 3 1 | 6 1 | 5 4 | 4 | 4 | 5 | 3 | 0 | 0 | 0 | 0 | 4 | 11 | 15 | 16 | 9 |

# A19

옛날엔 이것 대신 소금을 사용 했어요

난이도

★⯪☆☆☆

20×20

Column clues (top to bottom):

| Col | Clue |
|---|---|
| 1 | 5 |
| 2 | 3 2 |
| 3 | 1 5 |
| 4 | 2 1 2 |
| 5 | 2 5 |
| 6 | 3 2 2 |
| 7 | 4 8 |
| 8 | 2 3 1 5 |
| 9 | 3 4 2 |
| 10 | 5 2 2 |
| 11 | 7 1 2 |
| 12 | 3 5 2 |
| 13 | 3 3 2 |
| 14 | 5 3 2 |
| 15 | 1 4 3 2 |
| 16 | 2 7 2 |
| 17 | 1 6 2 |
| 18 | 2 4 2 |
| 19 | 2 2 2 |
| 20 | 3 2 |

Row clues (left to right):

| Row | Clue |
|---|---|
| 1 | 3 |
| 2 | 1 3 |
| 3 | 3 2 |
| 4 | 6 2 |
| 5 | 8 1 |
| 6 | 3 6 |
| 7 | 4 4 |
| 8 | 5 3 |
| 9 | 1 4 3 |
| 10 | 2 7 |
| 11 | 4 5 |
| 12 | 2 3 3 |
| 13 | 4 4 |
| 14 | 3 3 |
| 15 | 1 2 |
| 16 | 8 |
| 17 | 1 1 1 2 |
| 18 | 1 1 1 2 |
| 19 | 20 |
| 20 | 20 |

# A20

보리로 만들어졌어요

난이도

★⯪☆☆☆

20×20

Column clues (top to bottom):

| Col | Clue |
|---|---|
| 1 | 1 5 |
| 2 | 2 5 |
| 3 | 1 1 5 |
| 4 | 3 1 1 6 |
| 5 | 2 1 1 1 1 4 |
| 6 | 1 2 1 4 3 |
| 7 | 4 9 3 |
| 8 | 2 15 |
| 9 | 1 1 1 3 |
| 10 | 2 2 1 2 |
| 11 | 1 1 2 2 |
| 12 | 1 1 1 1 |
| 13 | 1 2 1 1 |
| 14 | 1 1 1 1 |
| 15 | 1 2 1 1 |
| 16 | 1 2 2 2 |
| 17 | 1 1 1 2 |
| 18 | 2 2 1 3 |
| 19 | 2 15 |
| 20 | 4 7 |

Row clues (left to right):

| Row | Clue |
|---|---|
| 1 | 9 |
| 2 | 3 2 |
| 3 | 2 2 |
| 4 | 1 1 |
| 5 | 1 1 |
| 6 | 4 2 |
| 7 | 4 3 3 2 |
| 8 | 2 1 3 4 2 2 |
| 9 | 6 2 1 |
| 10 | 2 1 |
| 11 | 8 4 |
| 12 | 2 6 1 |
| 13 | 5 1 |
| 14 | 3 2 |
| 15 | 5 2 |
| 16 | 4 3 2 |
| 17 | 5 1 2 |
| 18 | 9 3 |
| 19 | 11 5 |
| 20 | 20 |

# A21 뜨거운 햇빛을 가려요

난이도 ★☆☆☆☆

25×25

Column clues (top to bottom):

| Col | Clues |
|---|---|
| 1 | 24 |
| 2 | 1 2 1 |
| 3 | 1 10 1 |
| 4 | 1 4 4 5 |
| 5 | 6 4 2 1 |
| 6 | 1 3 1 2 1 |
| 7 | 1 3 2 5 |
| 8 | 7 2 2 |
| 9 | 1 3 2 |
| 10 | 1 3 2 2 |
| 11 | 7 2 2 |
| 12 | 1 2 2 |
| 13 | 23 |
| 14 | 23 |
| 15 | 1 2 2 |
| 16 | 7 2 2 |
| 17 | 1 3 2 2 |
| 18 | 1 4 2 |
| 19 | 7 2 2 |
| 20 | 1 3 2 6 |
| 21 | 1 3 1 2 1 |
| 22 | 6 2 1 1 5 |
| 23 | 1 4 8 1 |
| 24 | 1 5 1 |
| 25 | 24 |

Row clues (left to right):

| Row | Clues |
|---|---|
| 1 | 23 |
| 2 | 1 1 1 1 2 1 1 1 1 |
| 3 | 1 1 1 1 2 1 1 1 1 |
| 4 | 1 1 1 1 2 1 1 1 1 |
| 5 | 1 1 1 1 2 1 1 1 1 |
| 6 | 1 1 1 1 2 1 1 1 1 |
| 7 | 1 1 2 1 2 1 2 1 1 |
| 8 | 1 1 1 1 2 1 1 1 1 |
| 9 | 1 1 1 1 2 1 1 1 1 |
| 10 | 1 1 1 1 2 2 1 1 1 |
| 11 | 1 1 1 1 2 1 1 2 |
| 12 | 1 1 2 12 2 2 |
| 13 | 1 1 1 14 4 |
| 14 | 1 5 2 2 3 |
| 15 | 5 2 4 |
| 16 | 4 2 1 1 |
| 17 | 1 3 2 2 1 |
| 18 | 1 1 2 2 1 1 1 |
| 19 | 1 1 1 2 2 1 1 |
| 20 | 1 1 1 2 1 1 1 |
| 21 | 1 1 1 2 1 1 1 |
| 22 | 1 1 14 1 1 |
| 23 | 1 1 14 1 1 |
| 24 | 1 4 3 1 |
| 25 | 4 4 |

# A22 + A23 돈을 넣으면 시원한 음료가 나와요

25×25

| Column | Clues (top to bottom) |
|---|---|
| 1 | 25 |
| 2 | 25 |
| 3 | 2 2 |
| 4 | 2 2 2 4 4 2 |
| 5 | 2 4 4 2 1 1 1 2 |
| 6 | 2 2 1 1 1 4 4 2 |
| 7 | 2 2 1 1 1 4 4 2 |
| 8 | 2 2 1 1 1 1 2 1 1 2 |
| 9 | 2 4 4 4 4 2 |
| 10 | 2 2 |
| 11 | 2 4 4 4 4 2 |
| 12 | 2 2 |
| 13 | 11 2 2 2 |
| 14 | 11 4 4 2 |
| 15 | 2 1 1 1 2 1 1 1 1 2 |
| 16 | 11 4 1 1 2 |
| 17 | 11 2 1 1 1 2 |
| 18 | 4 2 4 4 2 |
| 19 | 4 3 2 2 |
| 20 | 1 1 3 2 4 4 2 |
| 21 | 1 1 2 2 |
| 22 | 11 4 4 2 |
| 23 | 1 8 1 1 1 1 2 |
| 24 | 1 8 1 1 1 1 2 |
| 25 | 11 1 1 1 1 2 |

| Row | Clues (left to right) |
|---|---|
| 1 | 25 |
| 2 | 19 1 1 |
| 3 | 2 2 4 1 1 |
| 4 | 2 5 1 13 |
| 5 | 2 6 1 2 2 4 |
| 6 | 2 2 1 1 5 2 4 |
| 7 | 2 5 1 2 2 2 4 |
| 8 | 2 5 2 4 |
| 9 | 2 5 1 2 2 4 |
| 10 | 2 2 1 1 13 |
| 11 | 2 2 1 1 13 |
| 12 | 2 5 1 |
| 13 | 2 |
| 14 | 2 6 1 5 1 4 |
| 15 | 2 4 1 1 2 3 1 1 |
| 16 | 2 1 4 1 2 1 1 1 1 |
| 17 | 2 6 1 5 1 4 |
| 18 | 2 |
| 19 | 2 6 1 5 1 4 |
| 20 | 2 1 2 1 1 2 1 1 1 |
| 21 | 2 1 2 1 1 2 1 1 1 |
| 22 | 2 6 1 5 1 4 |
| 23 | 2 |
| 24 | 25 |
| 25 | 25 |

+

난이도 ★☆☆☆☆

25×25

Column clues:

| | | | | | | | | | | | | | | | | | | | | | | | | |
|---|---|---|---|---|---|---|---|---|---|---|---|---|---|---|---|---|---|---|---|---|---|---|---|---|
| | | | | | 2 | | | | | | 2 | | | | | | | | | | | | | |
| | | | | | 1 | 2 | 2 | 2 | 2 | | 1 | | | | | | | | | | | | | |
| 2 | | 2 | | 2 | 1 | 1 | 1 | 1 | 4 | 2 | 1 | | | | | | | | | | | | | |
| 1 | | 1 | | 1 | 1 | 1 | 1 | 1 | 1 | 1 | 1 | 2 | | | | | 2 | 2 | 2 | 2 | 2 | | | |
| 4 | 2 | 4 | 2 | 4 | 1 | 1 | 1 | 1 | 4 | 1 | 4 | 4 | | | | 2 | 11 | 11 | 10 | 10 | 1 | 2 | | |
| 4 | 1 | 4 | 1 | 2 | 1 | 4 | 4 | 4 | 4 | 1 | 4 | 1 | 2 | 2 | 2 | 13 | 1 | 1 | 1 | 1 | 1 | 13 | 2 | |
| 2 | 2 | 2 | 2 | 2 | 2 | 2 | 2 | 2 | 2 | 2 | 2 | 2 | 14 | 2 | 2 | 2 | 2 | 2 | 2 | 2 | 2 | 2 | 2 | 25 |

Row clues:

| | |
|---|---|
| 1 | 25 |
| 2 | 25 |
| 3 | 1 |
| 4 | 4 7 1 |
| 5 | 1 1 5 1 1 |
| 6 | 1 1 5 1 1 |
| 7 | 4 5 1 1 |
| 8 | 5 1 1 |
| 9 | 5 1 1 |
| 10 | 5 1 1 |
| 11 | 5 1 1 |
| 12 | 14 5 1 1 |
| 13 | 1 5 1 1 |
| 14 | 1 1 6 1 1 3 1 1 |
| 15 | 1 1 1 1 1 1 1 1 1 |
| 16 | 1 1 1 1 1 1 7 1 |
| 17 | 1 1 6 1 1 1 |
| 18 | 1 1 |
| 19 | 1 1 5 1 1 1 |
| 20 | 1 1 1 4 1 1 1 |
| 21 | 1 1 1 4 1 1 1 |
| 22 | 1 1 5 1 1 1 |
| 23 | 1 1 |
| 24 | 25 |
| 25 | 25 |

# A24 + A25 눈 깜빡이면 안 돼요

25×25

| | | | | | | | | | | | | | | | | | | | | | | | | |
|---|---|---|---|---|---|---|---|---|---|---|---|---|---|---|---|---|---|---|---|---|---|---|---|---|
| | | | 7 | 6 | | | | | | 4 | | | | 1 | | | | | | | | | | |
| | | | 4 | 1 | 8 | | | 5 | 5 | 2 | | | | 2 | 1 | 1 | | 1 | | | | | | |
| | | | 1 | 1 | 1 | 9 | 6 | 1 | 1 | 1 | 4 | 6 | 2 | 1 | 4 | 2 | 2 | 5 | 12 | 3 | 1 | | | |
| 9 | 13 | | 1 | 1 | 1 | 3 | 2 | 4 | 1 | 1 | 3 | 2 | 10 | 1 | 6 | 7 | 9 | 2 | 1 | 6 | 2 | | | |
| 8 | 3 | 16 | 3 | 5 | 7 | 7 | 7 | 7 | 9 | 8 | 6 | 5 | 4 | 10 | 5 | 5 | 5 | 8 | 5 | 2 | 2 | 9 | 7 | 7 |

| | | | | | |
|---|---|---|---|---|---|
| | | | | | 8 |
| | | | | 11 | 5 |
| | | | | 13 | 2 |
| | | | | 13 | 1 |
| | | 10 | 3 | 3 | 2 |
| | | 8 | 2 | 3 | 2 |
| 4 | 2 | 1 | 4 | 1 | 2 |
| | 3 | 2 | 1 | 8 | 3 |
| | | 3 | 1 | 1 | 9 |
| | | 4 | 2 | 5 | 3 |
| | | 5 | 1 | 10 | 3 |
| | 4 | 3 | 1 | 6 | 3 |
| | 3 | 1 | 1 | 3 | 6 |
| | | 2 | 3 | 4 | 7 |
| | 5 | 1 | 1 | 2 | 1 |
| | | 2 | 3 | 2 | 2 |
| | | | 9 | 1 | 2 |
| | | 2 | 2 | 1 | 3 |
| | | 1 | 6 | 1 | 1 |
| | | 1 | 8 | 1 | 1 |
| | | | 1 | 10 | 6 |
| | | | | 1 | 17 |
| | | | | 1 | 17 |
| | | | | 1 | 16 |
| | | | | 1 | 15 |

+

난이도 ★☆☆☆☆

25×25

Column clues (top to bottom):

| | | | | | | | | | | | | | | | | | | | | | | | | |
|---|---|---|---|---|---|---|---|---|---|---|---|---|---|---|---|---|---|---|---|---|---|---|---|---|
| | | 1 | | | 1 | | | | | | | | | | | | | | | | | | | |
| | | 1 | 2 | 3 | 1 | | | | | | | | 5 | 6 | 8 | 6 | | | | | | | | |
| | | 1 | 2 | 2 | 1 | 4 | 3 | 5 | 9 | 6 | 5 | 4 | 2 | 2 | 1 | 1 | 7 | 8 | 6 | | | | | |
| | 4 | 2 | 1 | 1 | 1 | 4 | 5 | 2 | 2 | 2 | 2 | 2 | 1 | 1 | 1 | 2 | 4 | 4 | 9 | 13 | | | 4 | |
| 4 | 6 | 3 | 2 | 2 | 1 | 1 | 1 | 2 | 6 | 1 | 3 | 3 | 2 | 2 | 1 | 4 | 8 | 11 | 3 | 7 | 13 | 12 | 5 | 6 |

Row clues:

| |
|---|
| 8 |
| 11 |
| 13 |
| 13 |
| 4 10 |
| 3 9 |
| 2 3 4 1 6 |
| 1 2 1 2 2 1 1 3 |
| 1 2 1 2 1 4 |
| 3 2 1 3 6 |
| 1 2 1 2 2 7 |
| 1 4 1 2 8 |
| 2 2 5 7 |
| 6 4 2 4 |
| 2 4 5 2 2 |
| 1 3 2 2 2 |
| 1 1 2 1 |
| 2 1 2 1 |
| 1 1 2 1 1 |
| 2 1 2 1 2 |
| 2 2 2 1 1 |
| 6 3 1 1 |
| 1 5 1 |
| 1 5 1 |
| 1 5 1 |

# A26 돌돌 말고 내려놓으면 자동으로 움직여요

난이도 ★☆☆☆☆

25×25

Column clues (left to right, top to bottom):

| Col | Clues |
|---|---|
| 1 | 3 3 |
| 2 | 2 2 3 2 |
| 3 | 2 3 2 |
| 4 | 11 |
| 5 | 9 |
| 6 | 3 |
| 7 | 5 |
| 8 | 2 2 |
| 9 | 7 1 1 |
| 10 | 7 5 4 |
| 11 | 11 4 4 |
| 12 | 7 1 1 1 5 |
| 13 | 10 2 3 5 |
| 14 | 10 1 1 5 |
| 15 | 8 1 1 2 5 2 |
| 16 | 8 2 1 5 1 |
| 17 | 8 1 1 8 |
| 18 | 10 2 3 4 |
| 19 | 9 1 11 |
| 20 | 7 9 4 |
| 21 | 9 1 5 2 |
| 22 | 2 3 |
| 23 | 1 1 1 |
| 24 | 2 3 |
| 25 | 5 |

Row clues (top to bottom):

| Row | Clues |
|---|---|
| 1 | 6 |
| 2 | 10 |
| 3 | 12 |
| 4 | 13 |
| 5 | 13 |
| 6 | 13 |
| 7 | 13 |
| 8 | 13 |
| 9 | 3 2 2 1 |
| 10 | 1 1 2 1 2 1 |
| 11 | 3 2 3 3 |
| 12 | 5 6 3 3 |
| 13 | 1 2 2 1 6 1 2 |
| 14 | 2 2 1 1 1 1 |
| 15 | 6 2 2 2 4 |
| 16 | 5 6 4 2 |
| 17 | 7 1 1 5 4 |
| 18 | 2 2 6 7 |
| 19 | 1 2 1 7 |
| 20 | 5 1 1 1 1 1 |
| 21 | 3 6 1 1 1 |
| 22 | 11 |
| 23 | 4 4 |
| 24 | 5 5 |
| 25 | 4 4 |

# A27 아차!

난이도 ★☆☆☆☆

25×25

**Column clues (left to right, top to bottom):**

| Column | Clues |
|---|---|
| 1 | 1 2 |
| 2 | 3 3 |
| 3 | 1 3 2 5 |
| 4 | 4 1 9 |
| 5 | 1 11 |
| 6 | 2 14 |
| 7 | 2 2 12 |
| 8 | 1 2 12 |
| 9 | 9 10 |
| 10 | 7 3 9 |
| 11 | 5 3 7 |
| 12 | 5 1 2 2 5 |
| 13 | 5 1 2 1 6 |
| 14 | 5 3 2 1 4 |
| 15 | 5 1 3 3 3 |
| 16 | 5 1 3 3 3 |
| 17 | 5 1 3 2 1 4 |
| 18 | 6 1 2 1 6 |
| 19 | 5 1 2 2 5 |
| 20 | 5 2 7 |
| 21 | 5 11 |
| 22 | 8 3 9 |
| 23 | 6 2 9 |
| 24 | 4 8 |
| 25 | 6 |

**Row clues (top to bottom):**

| Row | Clues |
|---|---|
| 1 | 4 6 |
| 2 | 1 3 11 |
| 3 | 1 13 |
| 4 | 3 15 |
| 5 | 2 16 |
| 6 | 2 6 6 |
| 7 | 2 2 2 3 |
| 8 | 3 1 2 2 3 2 |
| 9 | 2 1 1 3 |
| 10 | 2 3 1 2 2 1 1 |
| 11 | 7 2 2 2 1 |
| 12 | 6 2 |
| 13 | 5 1 4 2 |
| 14 | 6 1 4 1 |
| 15 | 6 2 4 2 |
| 16 | 7 2 3 |
| 17 | 21 |
| 18 | 8 4 4 |
| 19 | 8 2 5 |
| 20 | 7 2 2 6 |
| 21 | 7 8 |
| 22 | 7 9 |
| 23 | 17 |
| 24 | 17 |
| 25 | 17 |

# A28 + A29 얼음 안에는 뭐가 있을까요?

25×25

| | | | | | | | | | | | | | | | | | | | | | | | | |
|---|---|---|---|---|---|---|---|---|---|---|---|---|---|---|---|---|---|---|---|---|---|---|---|---|
| | | | | | | | | 2 | | | | 1 | | | | | | | | | | | | |
| | | | | | | | | 2 | 2 | | 1 | 2 | 1 | | | | | | | 4 | | | | |
| | | | | | | | | 2 | 4 | | 2 | 2 | 2 | | | | | 4 | | 4 | | | | |
| | | | | | | 2 | 2 | 1 | 2 | 1 | 1 | 1 | 2 | 4 | 2 | 2 | 3 | 2 | 4 | 1 | | | | |
| 5 | | | | 2 | | 1 | 2 | 3 | 4 | 1 | 3 | 3 | 1 | 1 | 1 | 1 | 2 | 3 | 3 | 1 | 9 | | | |
| 5 | 5 | 3 | 5 | 1 | 15 | 3 | 2 | 1 | 1 | 1 | 1 | 1 | 1 | 2 | 2 | 1 | 4 | 2 | 3 | 1 | 2 | 9 | 9 | 9 |
| 2 | 5 | 5 | 3 | 2 | 1 | 1 | 1 | 2 | 3 | 1 | 2 | 2 | 1 | 2 | 1 | 1 | 2 | 2 | 3 | 1 | 2 | 5 | 4 | 5 |
| 2 | 5 | 4 | 4 | 2 | 2 | 1 | 1 | 1 | 1 | 2 | 1 | 2 | 2 | 3 | 1 | 2 | 2 | 2 | 3 | 3 | 3 | 4 | 4 | 4 |

| | | | | | | |
|---|---|---|---|---|---|---|
| | | | | 1 | 3 | 8 |
| | | | | | 8 | 9 |
| | | | | 3 | 1 | 9 |
| | 2 | 3 | 1 | 2 | 1 | 7 |
| | 4 | 1 | 2 | 2 | 2 | 4 |
| | | 4 | 1 | 2 | 2 | 6 |
| | | 4 | 1 | 2 | 2 | 7 |
| | | | 2 | 3 | 2 | 7 |
| | | | | | 8 | 5 |
| | | | | | 1 | 3 |
| | | | | | 1 | 4 |
| | | | | 1 | 2 | 7 |
| | | | 1 | 1 | 2 | 4 |
| | 2 | 2 | 1 | 2 | 1 | 2 |
| 3 | 5 | 2 | 2 | 2 | 1 | 1 |
| | | 4 | 3 | 3 | 2 | 3 |
| | | | 4 | 1 | 2 | 4 |
| | | | | 4 | 2 | 6 |
| | | | 3 | 7 | 6 | 2 |
| | | | | 2 | 1 | 4 |
| | | 2 | 2 | 1 | 2 | 1 |
| | | 4 | 2 | 2 | 1 | 3 |
| | | | 4 | 2 | 2 | 6 |
| | | | 6 | 1 | 2 | 9 |
| | | | | 3 | 8 | 10 |

+

난이도 ★☆☆☆☆

25×25

Column clues (top to bottom):

| Column | Clues |
|---|---|
| 1 | 1 3 |
| 2 | 1 2 2 |
| 3 | 1 1 3 |
| 4 | 1 18 |
| 5 | 1 2 1 3 |
| 6 | 1 2 1 3 |
| 7 | 1 2 1 3 |
| 8 | 1 2 1 3 |
| 9 | 1 2 2 2 |
| 10 | 1 4 3 |
| 11 | 1 2 2 3 |
| 12 | 1 2 5 1 |
| 13 | 4 4 2 1 1 |
| 14 | 13 1 3 |
| 15 | 3 1 4 7 1 |
| 16 | 4 2 1 2 1 1 |
| 17 | 4 2 3 1 1 |
| 18 | 4 1 4 1 1 2 |
| 19 | 7 2 1 5 |
| 20 | 5 3 1 2 1 |
| 21 | 3 2 2 1 |
| 22 | 3 2 4 3 |
| 23 | 18 |
| 24 | 1 8 2 3 |
| 25 | 1 6 |

Row clues (left to right):

| Row | Clues |
|---|---|
| 1 | 5 |
| 2 | 8 |
| 3 | 9 |
| 4 | 10 |
| 5 | 14 2 4 |
| 6 | 4 2 1 |
| 7 | 2 1 2 2 |
| 8 | 2 2 5 |
| 9 | 4 9 3 |
| 10 | 1 4 4 3 3 |
| 11 | 1 8 1 3 |
| 12 | 1 2 2 2 4 |
| 13 | 1 1 1 1 5 |
| 14 | 1 2 13 |
| 15 | 1 3 2 3 |
| 16 | 1 1 1 1 1 |
| 17 | 1 4 2 2 |
| 18 | 1 1 5 3 |
| 19 | 1 2 1 5 |
| 20 | 1 1 2 1 3 |
| 21 | 8 4 2 2 |
| 22 | 2 1 2 5 2 |
| 23 | 1 6 1 |
| 24 | 10 |
| 25 | 8 |

# A30 반짝반짝 빛나요!

난이도 ★★☆☆☆ (1.5/5)

25×25

Column clues (top to bottom):

| Column | Clue |
|---|---|
| 1 | 4 10 |
| 2 | 8 4 7 |
| 3 | 9 2 1 5 |
| 4 | 9 1 3 4 |
| 5 | 9 3 3 3 |
| 6 | 2 6 3 1 3 |
| 7 | 1 4 5 2 |
| 8 | 2 4 1 1 2 |
| 9 | 4 2 |
| 10 | 2 1 1 1 |
| 11 | 2 3 1 |
| 12 | 2 4 1 |
| 13 | 1 1 2 1 |
| 14 | 2 5 1 |
| 15 | 1 1 1 1 1 |
| 16 | 2 5 4 2 |
| 17 | 4 7 1 3 |
| 18 | 1 4 2 1 3 3 |
| 19 | 1 3 3 3 4 |
| 20 | 3 1 4 1 7 |
| 21 | 4 11 |
| 22 | 6 10 |
| 23 | 8 10 |
| 24 | 10 9 |
| 25 | 5 2 8 |

Row clues (left to right):

| Row | Clue |
|---|---|
| 1 | 4 1 1 2 |
| 2 | 4 1 1 2 |
| 3 | 5 3 2 |
| 4 | 8 3 |
| 5 | 5 1 3 3 |
| 6 | 5 1 6 3 |
| 7 | 8 1 4 3 |
| 8 | 6 2 2 5 |
| 9 | 5 2 6 |
| 10 | 2 3 6 |
| 11 | 1 10 |
| 12 | 4 5 |
| 13 | 2 1 2 |
| 14 | 1 3 4 |
| 15 | 3 1 2 3 |
| 16 | 2 4 3 3 |
| 17 | 1 1 1 3 4 |
| 18 | 1 5 1 1 5 |
| 19 | 2 1 3 4 6 |
| 20 | 2 3 4 1 6 |
| 21 | 3 4 2 6 |
| 22 | 4 3 7 |
| 23 | 6 3 9 |
| 24 | 9 10 |
| 25 | 25 |

# A31 찡긋!

난이도 ★½☆☆☆

25×25

**Column clues (left to right, top to bottom):**

| Column | Clues |
|---|---|
| 1 | 1 |
| 2 | 3 |
| 3 | 6 2 |
| 4 | 2 2 3 |
| 5 | 1 3 4 |
| 6 | 12 4 |
| 7 | 15 5 |
| 8 | 10 4 5 |
| 9 | 10 3 5 |
| 10 | 13 3 5 |
| 11 | 9 4 3 |
| 12 | 10 1 2 2 |
| 13 | 9 1 1 2 |
| 14 | 8 2 2 2 |
| 15 | 8 2 1 1 2 |
| 16 | 9 1 2 1 2 |
| 17 | 9 1 1 3 |
| 18 | 9 1 1 6 |
| 19 | 8 1 1 1 4 |
| 20 | 5 2 1 1 4 |
| 21 | 2 3 1 3 |
| 22 | 5 3 2 2 |
| 23 | 7 1 2 |
| 24 | 6 2 3 |
| 25 | 11 |

**Row clues (top to bottom):**

| Row | Clues |
|---|---|
| 1 | 8 |
| 2 | 14 |
| 3 | 17 |
| 4 | 13 3 |
| 5 | 14 4 |
| 6 | 14 4 |
| 7 | 1 14 3 |
| 8 | 1 14 3 |
| 9 | 3 8 3 1 |
| 10 | 12 3 1 |
| 11 | 2 5 2 3 2 |
| 12 | 1 5 5 3 2 |
| 13 | 2 1 1 |
| 14 | 2 1 2 1 |
| 15 | 4 2 |
| 16 | 5 2 1 1 |
| 17 | 6 4 2 |
| 18 | 7 2 |
| 19 | 8 2 |
| 20 | 1 7 |
| 21 | 5 1 |
| 22 | 6 3 |
| 23 | 8 5 |
| 24 | 20 |
| 25 | 20 |

# A32 다른 말로 달걀이라고 해요

난이도 ★☆☆☆☆

25×25

| | | | | | | | | | | | | | | | | | | | | | | | | |
|---|---|---|---|---|---|---|---|---|---|---|---|---|---|---|---|---|---|---|---|---|---|---|---|---|
| | | | | | | | | | | 3 | | | | | | | | | | | | | | |
| | | | 2 | 5 | 2 | | | 2 | 1 | 2 | | 6 | | | | | | | | | | | | |
| | 3 | 3 | 3 | 4 | 1 | 2 | 2 | 2 | 1 | 3 | 10 | 1 | 3 | 1 | 2 | | | | | 1 | 1 | | | |
| | 2 | 2 | 2 | 2 | 2 | 3 | 2 | 2 | 1 | 1 | 1 | 1 | 4 | 2 | 2 | 1 | 1 | 2 | 3 | 2 | 3 | 2 | 2 | |
| 7 | 4 | 3 | 6 | 3 | 2 | 2 | 4 | 2 | 2 | 2 | 2 | 3 | 6 | 4 | 2 | 1 | 2 | 1 | 3 | 3 | 6 | 6 | 3 | 7 |
| 9 | 3 | 2 | 2 | 1 | 1 | 1 | 1 | 1 | 1 | 1 | 1 | 1 | 1 | 2 | 2 | 2 | 3 | 3 | 3 | 4 | 4 | 9 | 9 | 9 |

| | | | | |
|---|---|---|---|---|
| | | | | 4 |
| | | | | 7 |
| | | | 4 | 3 |
| | | 2 | 1 | 1 |
| | 2 | 2 | 2 | 8 |
| 1 | 1 | 1 | 3 | 2 | 2 |
| | 1 | 2 | 3 | 2 | 2 |
| | 1 | 1 | 4 | 2 | 1 |
| | 1 | 2 | 3 | 1 | 1 |
| | 1 | 4 | 2 | 2 | 1 |
| | 2 | 3 | 3 | 1 | 1 |
| | | | 2 | 9 | 3 |
| | | 4 | 2 | 1 | 3 |
| | | | 2 | 4 | 3 |
| | | | 1 | 3 | 6 |
| | | | 2 | 3 | 3 |
| | | | 6 | 6 | 6 |
| | | 6 | 2 | 2 | 4 |
| | | 3 | 1 | 3 | 4 |
| | | 2 | 2 | 4 | 3 |
| | | | 1 | 9 | 3 |
| | | | 1 | 6 | 5 |
| | | | | 2 | 8 |
| | | | | 4 | 11 |
| | | | | | 25 |

# A33 비가 오길 기다려요

난이도 ★☆☆☆☆

25×25

**Column clues (left to right, top to bottom):**

| Column | Clues |
|---|---|
| 1 | 1 1 1 1 |
| 2 | 2 1 1 1 |
| 3 | 3 1 1 1 |
| 4 | 5 1 2 1 |
| 5 | 3 5 1 1 1 |
| 6 | 4 4 2 1 1 1 1 |
| 7 | 2 1 2 4 1 1 4 |
| 8 | 2 3 2 1 1 1 1 2 |
| 9 | 4 2 1 1 1 1 1 |
| 10 | 5 1 3 3 2 |
| 11 | 4 5 2 1 |
| 12 | 7 3 3 1 |
| 13 | 5 2 6 |
| 14 | 3 8 |
| 15 | 3 10 |
| 16 | 5 2 5 1 |
| 17 | 6 2 1 1 1 2 |
| 18 | 5 2 1 1 3 |
| 19 | 4 3 1 1 1 1 |
| 20 | 3 5 1 2 2 |
| 21 | 3 5 1 1 1 |
| 22 | 3 1 2 1 |
| 23 | 2 1 2 |
| 24 | 2 1 1 |
| 25 | 2 1 1 |

**Row clues (top to bottom):**

| Row | Clues |
|---|---|
| 1 | 4 3 |
| 2 | 6 6 |
| 3 | 2 2 7 1 |
| 4 | 3 2 3 6 |
| 5 | 4 6 |
| 6 | 4 4 4 |
| 7 | 6 2 |
| 8 | 3 5 |
| 9 | 4 1 |
| 10 | 4 2 |
| 11 | 4 2 4 |
| 12 | 2 2 7 |
| 13 | 7 3 4 |
| 14 | 2 5 3 |
| 15 | 2 4 3 |
| 16 | 3 |
| 17 | 3 |
| 18 | 25 |
| 19 | 7 3 |
| 20 | 7 9 |
| 21 | 4 3 3 |
| 22 | 4 1 4 4 |
| 23 | 2 4 3 |
| 24 | 2 2 4 |
| 25 | 9 1 3 |

# A34 영화 볼 때 꼭 먹어야 해요

난이도 ★☆☆☆☆

20×30

| | | | | | | | | | | | | | | | | | | | |
|---|---|---|---|---|---|---|---|---|---|---|---|---|---|---|---|---|---|---|---|
| | | | | | | | | 3 | | | | | | | | | | | |
| | | | 1 | | | | 1 | 2 | 1 | | | | 2 | | | | | | |
| | | | 2 | | 3 | | 3 | 1 | 4 | 2 | 5 | 1 | 4 | | 1 | 2 | 2 | 1 | |
| | 2 | 2 | 2 | 2 | 3 | 1 | 1 | 3 | 1 | 3 | 1 | 1 | 2 | 5 | 1 | 3 | 3 | 1 | |
| | 3 | 2 | 2 | 3 | 2 | 4 | 2 | 1 | 1 | 3 | 10 | 5 | 1 | 3 | 2 | 2 | 3 | 2 | 3 |
| | 2 | 3 | 1 | 3 | 10 | 3 | 8 | 1 | 1 | 7 | 1 | 7 | 2 | 12 | 11 | 4 | 1 | 3 | 3 |
| 9 | 9 | 13 | 13 | 8 | 1 | 18 | 8 | 1 | 7 | 7 | 1 | 7 | 8 | 1 | 5 | 8 | 13 | 12 | 10 |

| | | | | | |
|---|---|---|---|---|---|
| | | | 4 | 3 | 3 |
| | 4 | 4 | 2 | 1 | 1 |
| | 2 | 5 | 2 | 3 | 2 |
| | 1 | 1 | 2 | 4 | 2 |
| | 3 | 3 | 2 | 2 | 1 |
| | | 2 | 3 | 3 | 6 |
| | 1 | 3 | 5 | 1 | 2 |
| | 4 | 5 | 1 | 3 | 1 |
| 1 | 1 | 1 | 2 | 4 | 3 |
| | | 4 | 3 | 5 | 3 |
| | 2 | 3 | 6 | 3 | 2 |
| 1 | 1 | 1 | 1 | 1 | 1 |
| | | | | | 20 |
| | 3 | 3 | 3 | 3 | 2 |
| | 3 | 3 | 3 | 3 | 2 |
| | 3 | 3 | 3 | 3 | 2 |
| | 2 | 3 | 3 | 2 | 2 |
| | 3 | 3 | 3 | 2 | 3 |
| | | | 3 | 11 | 3 |
| | | 3 | 3 | 3 | 3 |
| | | 3 | 2 | 2 | 2 |
| | | 2 | 2 | 1 | 2 |
| | | 3 | 2 | 2 | 3 |
| | | | 3 | 9 | 3 |
| | 3 | 2 | 2 | 2 | 2 |
| | 2 | 2 | 2 | 2 | 3 |
| | 2 | 2 | 2 | 2 | 3 |
| | 2 | 2 | 2 | 2 | 3 |
| | 2 | 2 | 2 | 2 | 3 |
| | | | | | 15 |

# A35 OO벌, 선덕OO

난이도 ★☆☆☆☆

20×30

| | | | | | | | | | | | | | | | | | | | |
|---|---|---|---|---|---|---|---|---|---|---|---|---|---|---|---|---|---|---|---|
| | | | | | | 2 | 3 | | 2 | | 2 | 2 | 3 | 1 | | | | | |
| | | | | | | 1 | 3 | 2 | 1 | 2 | 2 | 1 | 3 | 3 | 2 | | | | |
| | | | | 1 | 2 | 4 | 4 | 3 | 2 | 2 | 2 | 3 | 4 | 4 | 1 | | | | |
| | | | | 2 | 8 | 1 | 3 | 3 | 1 | 1 | 1 | 3 | 3 | 1 | 5 | 1 | | | |
| | | | 3 | 9 | 3 | 2 | 4 | 3 | 1 | 2 | 1 | 4 | 4 | 2 | 3 | 13 | 4 | | |
| | | 10 | 11 | 1 | 1 | 2 | 2 | 4 | 5 | 1 | 4 | 3 | 2 | 1 | 1 | 1 | 11 | 11 | |
| 11 | 9 | 1 | 2 | 2 | 1 | 7 | 2 | 5 | 2 | 5 | 3 | 1 | 3 | 7 | 1 | 2 | 2 | 2 | 13 |

| | | | | | |
|---|---|---|---|---|---|
| | | | | 2 | 2 |
| | | 3 | 3 | 3 | 3 |
| | 1 | 3 | 3 | 3 | 1 |
| | | 1 | 1 | 1 | 1 |
| | | 1 | 2 | 2 | 2 |
| | 2 | 2 | 2 | 2 | 1 |
| | | | | | 12 |
| | | | | 1 | 1 |
| | | | | | 13 |
| | | | | 7 | 7 |
| | | | | 6 | 6 |
| | | | | 6 | 6 |
| | | | | 4 | 4 |
| | | 3 | 3 | 3 | 3 |
| | | 3 | 2 | 2 | 3 |
| | | 3 | 2 | 2 | 3 |
| | | | 5 | 1 | 4 |
| | 3 | 2 | 3 | 2 | 3 |
| | | | | 7 | 7 |
| | | | 4 | 7 | 3 |
| | | 3 | 4 | 4 | 2 |
| | | 2 | 3 | 2 | 2 |
| 2 | 2 | 2 | 2 | 2 | 1 |
| | | 7 | 1 | 1 | 6 |
| | 2 | 2 | 3 | 2 | 2 |
| | | | 1 | 9 | 1 |
| 1 | 1 | 3 | 1 | 1 | 1 |
| | | 1 | 3 | 5 | 1 |
| | | 1 | 6 | 2 | 1 |
| | 1 | 1 | 2 | 4 | 1 |

# A36 시간을 재는 도구예요

난이도 ★☆☆☆☆

20×30

Column clues (top to bottom, columns left to right):

| | | | | | | | | | | | | | | | | | | | |
|---|---|---|---|---|---|---|---|---|---|---|---|---|---|---|---|---|---|---|---|
| | | | | 1 | 1 | 1 | | | | | | | 1 | 1 | 1 | | | | |
| | | | | 1 | 1 | 1 | 1 | 1 | | | 1 | 1 | 1 | 1 | 1 | | | | |
| | | | 1 | 2 | 1 | 1 | 1 | 1 | 1 | 1 | 1 | 1 | 3 | 3 | 1 | 5 | | | |
| | | 1 | 3 | 2 | 2 | 1 | 1 | 2 | 1 | 1 | 3 | 3 | 1 | 2 | 2 | 3 | | | |
| | | 1 | 3 | 2 | 2 | 2 | 4 | 2 | 1 | 2 | 2 | 4 | 2 | 2 | 2 | 2 | 3 | | |
| | | 6 | 3 | 2 | 2 | 1 | 2 | 2 | 7 | 6 | 3 | 3 | 2 | 2 | 2 | 1 | 6 | | |
| | 3 | 8 | 3 | 1 | 1 | 1 | 1 | 1 | 1 | 1 | 1 | 1 | 1 | 1 | 1 | 2 | 9 | 3 | |
| 7 | 7 | 1 | 1 | 1 | 1 | 1 | 1 | 1 | 1 | 1 | 1 | 1 | 1 | 1 | 1 | 1 | 1 | 7 | 7 |

Row clues (top to bottom):

| | | | |
|---|---|---|---|
| | | | 18 |
| | | 1 | 3 |
| | | | 18 |
| | | 1 | 1 |
| | | 2 | 2 |
| | | 1 | 1 |
| | | 1 | 1 |
| 1 | 5 | 4 | 1 |
| | | 3 | 10 |
| | 2 | 5 | 2 |
| | | 2 | 2 |
| | | 2 | 2 |
| | | 3 | 3 |
| | | 2 | 2 |
| | | 2 | 2 |
| | 2 | 2 | 2 |
| | 2 | 2 | 2 |
| | 2 | 2 | 2 |
| | 2 | 2 | 2 |
| | 1 | 2 | 2 |
| | 2 | 3 | 1 |
| 1 | 2 | 2 | 1 |
| 1 | 2 | 3 | 1 |
| 3 | 3 | 4 | 3 |
| | 3 | 2 | 6 |
| | | 5 | 3 |
| | | 4 | 4 |
| | | | 20 |
| | | 2 | 2 |
| | | | 20 |

# A37 여러 개의 기기를 연결해 사용할 수 있게 해줘요

난이도 ★☆☆☆☆

30×20

| Row clues | |
|---|---|
| 1 | 11 |
| 2 | 3 5 3 |
| 3 | 3 3 3 3 |
| 4 | 2 1 4 1 1 |
| 5 | 2 1 3 1 1 1 |
| 6 | 2 1 4 1 1 |
| 7 | 2 2 1 1 1 |
| 8 | 5 7 1 1 |
| 9 | 3 3 4 1 1 |
| 10 | 4 5 1 1 |
| 11 | 4 5 1 1 |
| 12 | 7 5 1 1 |
| 13 | 3 3 5 1 1 |
| 14 | 3 7 1 1 |
| 15 | 1 2 1 1 |
| 16 | 1 4 1 1 |
| 17 | 2 7 1 1 |
| 18 | 4 8 1 1 |
| 19 | 2 8 2 1 1 |
| 20 | 2 3 1 3 1 1 |
| 21 | 2 1 1 1 |
| 22 | 2 1 3 1 1 |
| 23 | 2 1 5 1 1 |
| 24 | 2 5 1 1 1 1 |
| 25 | 2 6 1 1 1 1 |
| 26 | 2 3 1 2 2 1 1 |
| 27 | 2 3 1 3 1 1 |
| 28 | 2 2 2 1 1 |
| 29 | 1 2 4 3 |
| 30 | 1 2 5 |

| Column clues | |
|---|---|
| 1 | 2 1 4 |
| 2 | 3 1 8 |
| 3 | 2 2 9 |
| 4 | 3 2 4 |
| 5 | 4 2 2 4 |
| 6 | 4 1 3 5 |
| 7 | 3 5 2 3 |
| 8 | 3 6 2 3 |
| 9 | 2 7 2 2 |
| 10 | 1 10 15 |
| 11 | 1 1 1 2 3 2 2 |
| 12 | 3 2 7 3 4 1 |
| 13 | 2 3 7 5 2 2 1 |
| 14 | 2 3 6 4 1 4 2 2 |
| 15 | 2 1 1 6 6 2 1 |
| 16 | 2 2 3 4 4 1 |
| 17 | 1 1 |
| 18 | 30 |
| 19 | 2 1 |
| 20 | 28 |

# A38 치아 중에 제일 뾰족해요

난이도 ★☆☆☆☆

30×20

**Column clues (left to right)**

| Column | Clue |
|---|---|
| 1 | 11 |
| 2 | 9 |
| 3 | 6 7 |
| 4 | 9 5 |
| 5 | 10 3 |
| 6 | 6 3 1 |
| 7 | 9 6 |
| 8 | 6 4 5 |
| 9 | 4 2 1 7 |
| 10 | 4 1 2 4 |
| 11 | 5 1 1 4 |
| 12 | 4 4 6 |
| 13 | 4 1 2 4 |
| 14 | 4 1 2 4 |
| 15 | 7 2 4 |
| 16 | 4 1 1 5 |
| 17 | 4 1 1 5 |
| 18 | 3 2 2 7 |
| 19 | 7 1 2 5 |
| 20 | 3 2 3 4 |
| 21 | 3 2 7 |
| 22 | 3 4 5 |
| 23 | 6 1 6 |
| 24 | 3 1 1 6 |
| 25 | 3 1 7 |
| 26 | 4 5 |
| 27 | 4 4 |
| 28 | 8 |
| 29 | 5 |
| 30 | 2 |

**Row clues (top to bottom)**

| Row | Clue |
|---|---|
| 1 | 7 |
| 2 | 15 |
| 3 | 20 |
| 4 | 22 |
| 5 | 9 1 1 7 |
| 6 | 6 1 1 2 6 |
| 7 | 7 1 5 1 4 |
| 8 | 3 1 1 3 2 9 |
| 9 | 3 1 3 1 1 3 |
| 10 | 1 3 3 2 2 |
| 11 | 1 3 1 8 3 |
| 12 | 2 2 1 4 1 4 |
| 13 | 2 3 1 2 3 5 |
| 14 | 3 1 3 2 2 1 5 |
| 15 | 3 3 2 1 6 |
| 16 | 4 3 1 11 |
| 17 | 4 19 |
| 18 | 5 18 |
| 19 | 5 16 |
| 20 | 6 11 |

# A39 손을 사용하지 않고도 연주할 수 있어요

난이도 ★☆☆☆☆

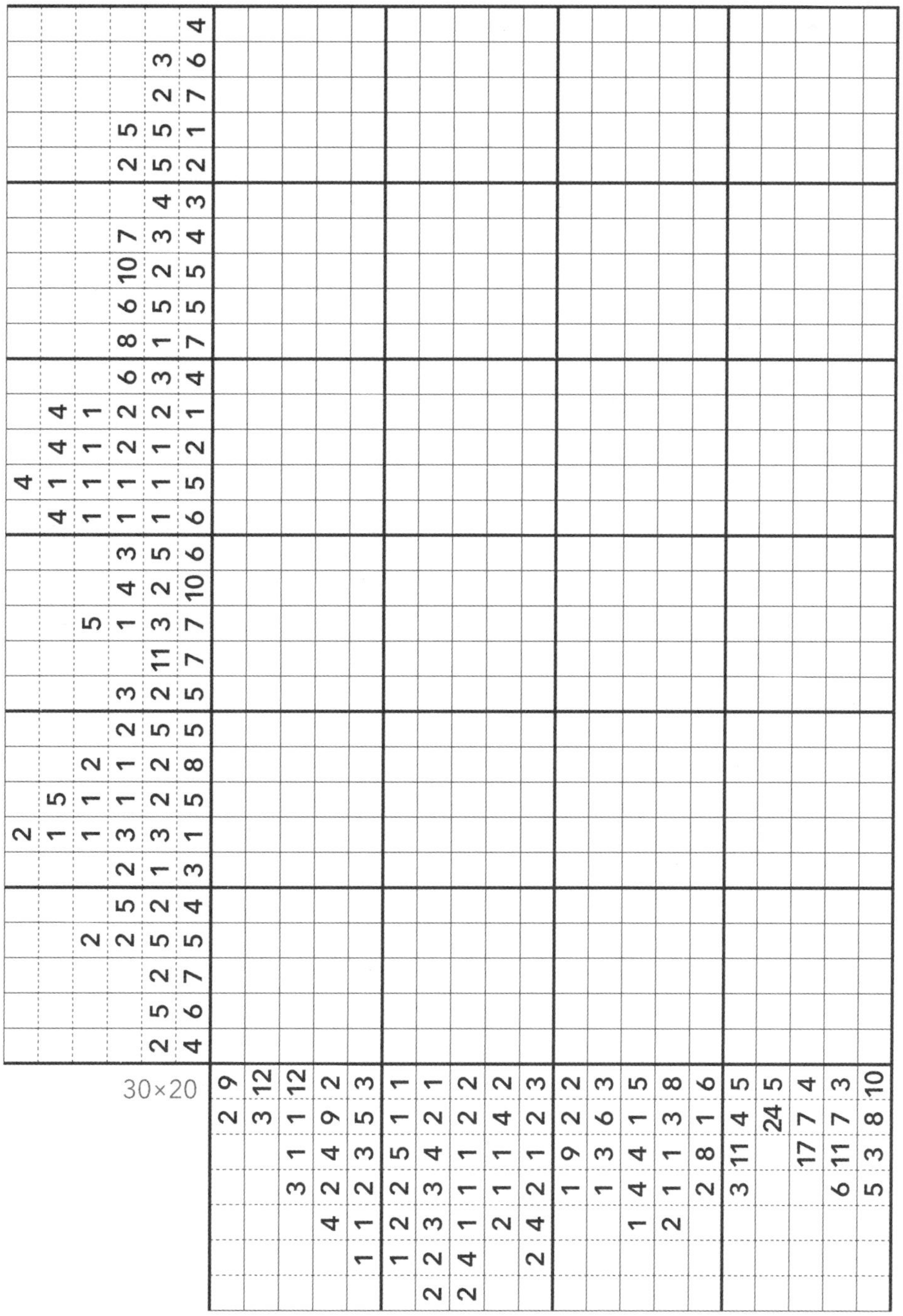

30×20

# A40 솜을 만들어요

난이도 ★⯪☆☆☆

30×20

**가로 (행) 힌트**

1. 30
2. 20 2 5
3. 19 2 4
4. 19 1 1 4
5. 14 4 1 5
6. 3 8 7 6
7. 2 1 4 2 1 7
8. 1 2 3 2 1 2
9. 5 5 1 2 2
10. 1 1 5 1 2 1
11. 2 1 2 7 2
12. 3 2 7 1
13. 5 2 3
14. 6 5 2 2
15. 2 2 6 5 1
16. 2 1 3 2 1 2 2
17. 1 3 1 1 1 5
18. 3 1 3 2 1 2 3
19. 1 1 1 5 2
20. 6

**세로 (열) 힌트**

1. 11
2. 7 1 2
3. 6 1 2
4. 5 2 3
5. 10 1 3
6. 6 1 2 2
7. 6 1 4 1 1
8. 7 1 2 1 1 1
9. 11 2 4
10. 10 4 1
11. 10 1 1 1
12. 6 1 2 3
13. 5 1 2 4
14. 5 2 1 2
15. 4 4 2
16. 4 2 1 2
17. 6 2 2
18. 6 4 1
19. 9 2 1 3
20. 2 3 5 2
21. 1 2 2 1 1
22. 2 4 1 5
23. 3 1 1 2 1
24. 1 1 3 5 1
25. 1 1 6 1 3
26. 2 2 4 2
27. 6 4
28. 6 3
29. 6 3
30. 6 2

# A41 이것을 심은 못을 연못이라고 해요

난이도 ★½☆☆☆

30×20

**Column clues (top to bottom)**

| Column | Clue |
|---|---|
| 1 | 3 2 |
| 2 | 5 4 |
| 3 | 1 4 2 |
| 4 | 6 3 2 |
| 5 | 3 2 3 1 |
| 6 | 2 2 3 1 |
| 7 | 2 5 1 |
| 8 | 2 4 2 |
| 9 | 4 2 2 |
| 10 | 12 3 |
| 11 | 3 2 7 |
| 12 | 2 2 4 |
| 13 | 2 2 2 3 |
| 14 | 2 1 5 2 |
| 15 | 5 2 3 1 |
| 16 | 2 5 3 1 |
| 17 | 4 1 4 1 |
| 18 | 1 5 3 1 |
| 19 | 2 2 4 2 |
| 20 | 4 1 3 1 2 |
| 21 | 7 4 |
| 22 | 5 3 |
| 23 | 3 2 1 |
| 24 | 5 4 5 |
| 25 | 2 3 11 |
| 26 | 2 3 4 8 |
| 27 | 1 3 13 |
| 28 | 2 1 1 5 3 |
| 29 | 2 4 9 |
| 30 | 5 7 |

**Row clues (left to right)**

| Row | Clue |
|---|---|
| 1 | 3 |
| 2 | 2 2 2 |
| 3 | 4 2 1 2 |
| 4 | 2 1 2 3 1 3 1 |
| 5 | 3 2 3 2 1 2 2 |
| 6 | 2 2 1 3 1 3 2 |
| 7 | 1 3 3 2 1 2 2 |
| 8 | 1 2 2 2 1 2 5 |
| 9 | 3 4 1 2 2 2 |
| 10 | 2 1 3 1 5 4 |
| 11 | 2 2 1 3 9 |
| 12 | 2 2 1 2 5 4 |
| 13 | 2 2 2 2 11 |
| 14 | 2 2 2 1 3 6 |
| 15 | 10 3 4 6 |
| 16 | 19 4 2 |
| 17 | 2 4 2 8 8 |
| 18 | 2 4 2 10 |
| 19 | 2 7 4 6 |
| 20 | 7 15 |

# A42 열면 두 개가 들어있어요

난이도 ★★☆☆☆

30×20

**Top clues (columns left to right, numbers top to bottom)**

| Column | Clues |
|---|---|
| 1 | 30 |
| 2 | 19 9 |
| 3 | 4 12 3 2 |
| 4 | 2 2 2 5 5 1 |
| 5 | 1 2 2 12 1 |
| 6 | 1 2 3 2 3 6 |
| 7 | 1 3 3 3 5 |
| 8 | 1 2 3 3 1 2 5 |
| 9 | 2 2 4 2 1 2 1 4 |
| 10 | 2 3 2 2 2 1 4 |
| 11 | 5 2 4 2 1 2 4 |
| 12 | 3 2 5 |
| 13 | 2 2 2 4 2 |
| 14 | 1 2 3 2 |
| 15 | 1 1 1 5 |
| 16 | 2 1 1 2 |
| 17 | 1 3 2 1 |
| 18 | 2 1 2 2 |
| 19 | 4 2 |
| 20 | 6 |

**Right-side clues (rows top to bottom, numbers left to right)**

| Row | Clues |
|---|---|
| 1 | 9 |
| 2 | 4 2 |
| 3 | 3 1 1 2 |
| 4 | 4 1 2 1 |
| 5 | 2 1 1 1 1 |
| 6 | 2 1 1 1 |
| 7 | 3 1 2 2 |
| 8 | 3 1 1 1 |
| 9 | 4 1 1 2 |
| 10 | 4 1 1 8 |
| 11 | 3 1 1 2 1 2 |
| 12 | 3 1 1 2 2 1 2 |
| 13 | 3 1 2 1 2 5 |
| 14 | 3 1 1 1 1 1 2 |
| 15 | 4 1 2 2 1 1 |
| 16 | 5 1 2 1 2 1 |
| 17 | 9 1 2 2 2 |
| 18 | 7 2 1 2 |
| 19 | 2 3 3 3 |
| 20 | 1 1 1 1 2 |
| 21 | 1 1 1 2 1 1 |
| 22 | 2 2 1 2 1 1 |
| 23 | 5 1 1 2 1 |
| 24 | 5 2 2 |
| 25 | 6 3 2 |
| 26 | 2 5 2 |
| 27 | 2 8 |
| 28 | 2 7 |
| 29 | 3 7 |
| 30 | 12 |

# B43 짝짝짝!

난이도 ★☆☆☆☆

30×30

**Column clues (left to right, top to bottom):**

1. 2 9 3
2. 6 3 1 2 4
3. 12 1 2 4
4. 12 3 1 1 1
5. 9 2 2 1 1 1 1
6. 2 9 1 2 2 2 1
7. 12 1 1 1 1 2
8. 7 4 2 2 2 1
9. 8 2 1 1 1 1
10. 10 1 2 2 1
11. 3 5 1 1 1 1
12. 3 1 1 2 1
13. 8 1 1 1 1
14. 2 6 2 1
15. 1 1 1 1
16. 7 1 1 2
17. 2 6 1 1
18. 1 6 1
19. 2 2 1
20. 7 2 1
21. 8 2
22. 2 12 1
23. 2 9 3 2
24. 2 7 2 3
25. 1 4 5 4
26. 1 3 2 1 2 4 6
27. 5 2 3 9
28. 6 7 8
29. 14 8
30. 14 7

**Row clues (top to bottom, left to right):**

1. 10 9 9
2. 14 2 2 3 4
3. 4 7 1 2 5
4. 11 1 1 4 5
5. 10 1 1 5 5
6. 10 1 1 5 3
7. 1 8 1 2 7 2
8. 7 2 2 1 6 3
9. 7 1 1 1 5 4
10. 4 2 2 1 1 11
11. 1 5 1 1 1 2 3 3
12. 8 1 6 2 4
13. 1 1 2 1 1 4
14. 5 2 1 1 5
15. 2 3 1 2 2
16. 3 4 1 1 1
17. 2 3 5 3
18. 1 3 2
19. 3 3 2
20. 5 3 1
21. 1 3 2 1
22. 2 3 2
23. 4 2 3
24. 1 3 4
25. 2 2 5
26. 3 5
27. 4 6
28. 6 7
29. 6 8
30. 10

# B44 이 손 놓지 마

난이도 ★☆☆☆☆

30×30

Column clues (left to right, top to bottom):

| Column | Clues |
|---|---|
| 1 | 4 8 |
| 2 | 3 1 5 7 |
| 3 | 2 5 2 6 |
| 4 | 1 2 5 12 |
| 5 | 3 3 3 5 |
| 6 | 3 2 2 5 |
| 7 | 3 1 2 7 |
| 8 | 3 2 2 11 |
| 9 | 3 1 2 2 6 |
| 10 | 3 2 2 3 5 |
| 11 | 3 3 1 2 2 9 |
| 12 | 3 5 1 2 2 3 |
| 13 | 3 3 2 3 2 |
| 14 | 3 2 2 3 4 |
| 15 | 3 1 1 1 3 |
| 16 | 4 2 1 5 |
| 17 | 4 4 2 2 1 |
| 18 | 5 2 4 1 1 |
| 19 | 6 1 1 3 2 |
| 20 | 7 2 2 1 2 |
| 21 | 8 1 3 1 2 |
| 22 | 9 1 1 4 3 |
| 23 | 11 2 2 2 3 |
| 24 | 8 3 3 4 |
| 25 | 5 3 4 |
| 26 | 4 2 5 |
| 27 | 3 3 6 |
| 28 | 1 3 7 |
| 29 | 4 10 |
| 30 | 4 13 |

Row clues (top to bottom):

| Row | Clues |
|---|---|
| 1 | 25 |
| 2 | 23 |
| 3 | 26 |
| 4 | 4 11 |
| 5 | 2 1 8 |
| 6 | 1 2 6 |
| 7 | 1 2 6 |
| 8 | 2 7 |
| 9 | 3 1 2 5 |
| 10 | 8 1 4 |
| 11 | 3 2 2 3 |
| 12 | 5 2 2 1 2 |
| 13 | 5 2 3 2 1 |
| 14 | 3 2 4 |
| 15 | 2 2 1 |
| 16 | 3 2 2 |
| 17 | 2 2 2 |
| 18 | 1 2 1 1 |
| 19 | 1 2 2 1 1 |
| 20 | 4 2 2 4 1 |
| 21 | 2 1 2 4 2 2 |
| 22 | 1 1 2 4 2 1 2 |
| 23 | 1 1 1 1 1 2 3 2 |
| 24 | 2 1 2 1 1 2 2 3 |
| 25 | 4 3 1 3 4 4 |
| 26 | 11 1 4 5 |
| 27 | 11 2 2 7 |
| 28 | 12 3 9 |
| 29 | 16 12 |
| 30 | 30 |

# B45 간절히 빌면 이뤄져요

난이도 ★☆☆☆☆

30×30

**Column clues** (top to bottom, columns 1–30)

| Column | Clues |
|---|---|
| 1 | 19 1 |
| 2 | 16 1 |
| 3 | 13 4 1 |
| 4 | 9 6 1 |
| 5 | 6 13 1 |
| 6 | 3 8 3 1 |
| 7 | 7 2 1 |
| 8 | 10 2 1 1 |
| 9 | 11 3 3 |
| 10 | 13 2 1 |
| 11 | 6 3 2 1 |
| 12 | 5 1 1 8 2 |
| 13 | 5 1 1 3 2 2 |
| 14 | 4 1 1 2 1 3 |
| 15 | 3 14 |
| 16 | 4 3 3 |
| 17 | 4 1 1 3 4 |
| 18 | 5 1 1 4 2 3 |
| 19 | 6 1 2 4 2 |
| 20 | 8 3 2 1 |
| 21 | 13 2 2 |
| 22 | 12 2 1 |
| 23 | 10 2 3 |
| 24 | 1 9 1 2 1 |
| 25 | 4 10 2 1 |
| 26 | 7 13 1 |
| 27 | 9 8 1 |
| 28 | 11 4 1 |
| 29 | 13 1 |
| 30 | 15 1 |

**Row clues** (left to right, rows 1–30)

| Row | Clues |
|---|---|
| 1 | 6 9 7 |
| 2 | 6 12 6 |
| 3 | 6 13 6 |
| 4 | 5 6 7 6 |
| 5 | 5 5 5 5 |
| 6 | 5 4 5 5 |
| 7 | 4 7 2 4 5 |
| 8 | 4 3 5 4 |
| 9 | 4 3 3 3 4 4 |
| 10 | 3 4 5 3 |
| 11 | 3 5 2 5 3 |
| 12 | 3 6 4 6 2 |
| 13 | 3 13 7 2 |
| 14 | 2 9 1 10 1 |
| 15 | 2 4 2 1 1 5 1 |
| 16 | 2 3 1 1 1 4 |
| 17 | 1 3 1 1 2 4 |
| 18 | 1 4 1 1 1 4 |
| 19 | 1 3 2 2 2 4 |
| 20 | 3 4 2 4 3 |
| 21 | 3 2 6 2 2 |
| 22 | 2 1 1 1 2 2 |
| 23 | 1 2 1 1 2 1 |
| 24 | 1 1 2 2 1 |
| 25 | 2 1 1 1 |
| 26 | 1 2 2 2 |
| 27 | 2 2 3 2 |
| 28 | 6 4 |
| 29 | 1 1 |
| 30 | 9 8 |

# B46 잘 자라 우리 아기~

난이도 ★☆☆☆☆

30×30

Column clues (left to right, top to bottom):

| Column | Clues |
|---|---|
| 1 | 13 |
| 2 | 5 5 |
| 3 | 3 1 6 |
| 4 | 2 1 6 |
| 5 | 6 2 8 |
| 6 | 3 2 9 |
| 7 | 3 2 1 2 6 |
| 8 | 4 2 1 1 2 2 |
| 9 | 4 2 1 1 1 1 |
| 10 | 2 2 1 2 1 1 |
| 11 | 3 2 1 1 3 1 |
| 12 | 4 1 1 2 3 |
| 13 | 4 3 1 3 2 |
| 14 | 6 3 3 1 |
| 15 | 9 2 |
| 16 | 7 2 2 2 |
| 17 | 12 2 4 |
| 18 | 11 4 2 |
| 19 | 13 2 1 1 |
| 20 | 6 5 2 1 1 |
| 21 | 7 1 1 2 1 1 |
| 22 | 8 2 1 1 1 |
| 23 | 6 2 1 4 |
| 24 | 4 5 1 3 |
| 25 | 4 1 1 5 5 |
| 26 | 3 2 1 1 12 |
| 27 | 3 2 12 |
| 28 | 5 3 12 |
| 29 | 2 12 |
| 30 | 12 |

Row clues (top to bottom):

| Row | Clues |
|---|---|
| 1 | 9 |
| 2 | 12 |
| 3 | 12 |
| 4 | 10 1 |
| 5 | 8 1 |
| 6 | 6 8 1 1 |
| 7 | 8 4 2 1 1 |
| 8 | 5 4 4 1 2 |
| 9 | 2 2 3 5 1 1 |
| 10 | 1 1 1 2 5 3 |
| 11 | 1 2 1 1 5 1 |
| 12 | 1 3 2 4 3 |
| 13 | 1 2 5 4 1 |
| 14 | 1 2 2 3 |
| 15 | 7 1 2 |
| 16 | 5 2 2 |
| 17 | 4 2 1 6 |
| 18 | 3 8 6 |
| 19 | 2 4 2 6 |
| 20 | 3 2 1 10 |
| 21 | 1 3 2 2 5 |
| 22 | 1 2 1 2 5 |
| 23 | 1 4 2 2 5 |
| 24 | 7 1 1 6 |
| 25 | 7 2 2 6 |
| 26 | 8 2 3 7 |
| 27 | 11 2 11 |
| 28 | 7 2 4 8 |
| 29 | 2 4 6 |
| 30 | 6 1 |

# B47 달러, 엔, 원

난이도 ★⯪☆☆☆

30×30

Column clues (top to bottom):

| Column | Clues |
|---|---|
| 1 | 6 5 |
| 2 | 6 2 2 |
| 3 | 6 2 2 |
| 4 | 6 2 1 |
| 5 | 6 3 1 1 |
| 6 | 6 1 3 1 1 1 |
| 7 | 6 1 1 3 2 1 |
| 8 | 6 5 1 1 7 1 |
| 9 | 9 1 1 3 2 1 1 2 1 |
| 10 | 4 1 2 1 9 1 2 1 |
| 11 | 4 1 1 1 2 1 1 2 1 |
| 12 | 3 1 2 1 1 1 2 2 2 |
| 13 | 2 1 1 2 1 2 1 1 3 2 |
| 14 | 2 2 1 1 1 1 1 4 |
| 15 | 1 1 1 1 2 1 1 |
| 16 | 1 4 1 1 1 2 7 |
| 17 | 2 3 1 2 1 1 1 3 1 3 |
| 18 | 2 2 3 1 1 1 3 1 1 1 |
| 19 | 4 2 1 1 2 1 3 1 1 1 |
| 20 | 3 3 1 1 1 1 3 1 1 1 |
| 21 | 2 2 1 2 1 1 1 2 1 1 2 |
| 22 | 4 1 1 3 1 1 7 |
| 23 | 3 2 1 4 1 1 |
| 24 | 3 1 6 4 7 |
| 25 | 3 1 5 4 3 1 1 1 |
| 26 | 3 1 4 5 3 1 1 1 |
| 27 | 3 1 3 5 3 1 1 1 |
| 28 | 3 4 1 5 3 1 1 1 |
| 29 | 3 5 6 2 1 1 2 |
| 30 | 7 5 7 |

Row clues (left to right):

| Row | Clues |
|---|---|
| 1 | 30 |
| 2 | 14 14 |
| 3 | 12 2 9 |
| 4 | 11 2 2 1 |
| 5 | 9 2 2 2 |
| 6 | 14 2 2 2 |
| 7 | 1 10 3 |
| 8 | 4 1 1 7 |
| 9 | 3 10 2 |
| 10 | 1 8 |
| 11 | 6 4 |
| 12 | 1 5 8 |
| 13 | 4 10 2 |
| 14 | 6 4 3 |
| 15 | 2 10 4 |
| 16 | 5 5 |
| 17 | 6 7 6 |
| 18 | 1 3 10 |
| 19 | 2 2 5 4 |
| 20 | 5 11 |
| 21 | 3 2 |
| 22 | 2 1 2 5 5 |
| 23 | 2 4 2 7 7 |
| 24 | 2 3 1 5 1 5 1 |
| 25 | 1 3 2 1 2 1 2 |
| 26 | 1 1 1 1 5 1 5 1 |
| 27 | 1 5 1 1 2 1 2 |
| 28 | 2 3 2 5 1 5 1 |
| 29 | 2 2 2 2 1 2 |
| 30 | 10 5 5 |

# B48 + B49 힘을 줘서 밀어요!

30×30

Column clues (columns 1–30, read top to bottom):

| Column | Clues |
|---|---|
| 1 | 2 |
| 2 | 4 |
| 3 | 4 3 1 |
| 4 | 5 3 6 1 |
| 5 | 8 8 |
| 6 | 3 2 4 2 |
| 7 | 4 1 2 |
| 8 | 2 1 1 2 1 |
| 9 | 2 1 11 |
| 10 | 2 2 1 5 1 |
| 11 | 3 1 5 1 |
| 12 | 1 1 2 1 |
| 13 | 1 1 3 |
| 14 | 5 2 |
| 15 | 2 1 2 2 |
| 16 | 9 5 2 |
| 17 | 6 1 2 |
| 18 | 6 1 1 2 |
| 19 | 7 1 1 2 |
| 20 | 1 1 4 1 3 |
| 21 | 1 5 1 5 3 |
| 22 | 1 1 1 1 8 3 |
| 23 | 1 1 4 3 1 6 |
| 24 | 3 1 3 1 5 |
| 25 | 1 4 1 2 2 1 2 3 |
| 26 | 1 1 4 2 3 3 |
| 27 | 3 2 14 |
| 28 | 10 2 1 1 4 |
| 29 | 11 2 3 2 4 |
| 30 | 1 1 3 1 4 |

Row clues (rows 1–30, read left to right):

| Row | Clues |
|---|---|
| 1 | 2 |
| 2 | 5 2 |
| 3 | 2 6 |
| 4 | 2 1 3 |
| 5 | 2 9 |
| 6 | 2 1 1 2 |
| 7 | 2 1 1 2 |
| 8 | 6 1 2 |
| 9 | 2 1 1 1 2 |
| 10 | 2 1 1 1 2 |
| 11 | 5 2 1 1 5 |
| 12 | 7 2 8 |
| 13 | 4 1 6 |
| 14 | 2 1 1 3 |
| 15 | 2 1 2 1 |
| 16 | 3 3 1 1 |
| 17 | 6 3 5 |
| 18 | 2 2 8 |
| 19 | 1 2 1 3 1 1 |
| 20 | 2 3 2 4 1 2 |
| 21 | 1 1 1 2 1 1 1 |
| 22 | 1 1 1 2 4 |
| 23 | 4 1 1 7 |
| 24 | 8 7 4 |
| 25 | 8 3 1 1 2 |
| 26 | 4 3 4 1 |
| 27 | 4 4 2 4 |
| 28 | 5 5 11 |
| 29 | 2 2 1 18 |
| 30 | 5 23 |

\+

난이도 ★★☆☆☆

30×30

Column clues (top to bottom):

| Column | Clue |
|---|---|
| 1 | 2 1 8 3 |
| 2 | 2 1 4 4 |
| 3 | 11 1 4 |
| 4 | 2 4 1 4 |
| 5 | 9 1 4 |
| 6 | 14 2 4 |
| 7 | 5 12 5 |
| 8 | 2 6 5 |
| 9 | 2 3 5 |
| 10 | 2 3 9 |
| 11 | 2 3 3 5 |
| 12 | 9 2 2 4 |
| 13 | 2 1 3 3 1 4 |
| 14 | 1 1 4 3 4 |
| 15 | 2 6 2 6 |
| 16 | 1 2 2 1 2 3 1 |
| 17 | 2 1 2 1 3 5 |
| 18 | 1 1 2 1 1 6 |
| 19 | 5 2 1 1 6 |
| 20 | 7 4 2 2 3 |
| 21 | 4 1 3 2 11 |
| 22 | 5 1 3 1 1 6 |
| 23 | 3 3 2 2 6 |
| 24 | 3 1 5 6 |
| 25 | 3 2 1 7 |
| 26 | 6 9 |
| 27 | 2 5 2 |
| 28 | 1 9 |
| 29 | 9 |
| 30 | 4 4 |

Row clues (left to right):

| Row | Clue |
|---|---|
| 1 | 3 6 |
| 2 | 4 9 |
| 3 | 3 10 |
| 4 | 1 3 4 1 |
| 5 | 1 3 2 1 1 |
| 6 | 1 3 4 1 |
| 7 | 1 3 3 2 2 |
| 8 | 5 3 4 |
| 9 | 4 2 1 |
| 10 | 4 1 3 2 |
| 11 | 7 1 2 1 |
| 12 | 2 4 2 |
| 13 | 7 7 |
| 14 | 8 7 |
| 15 | 2 4 1 |
| 16 | 2 11 |
| 17 | 3 3 1 3 |
| 18 | 5 2 2 |
| 19 | 1 4 1 4 1 |
| 20 | 1 3 2 1 2 1 |
| 21 | 2 2 2 2 1 1 |
| 22 | 2 3 2 2 1 4 3 |
| 23 | 6 3 2 3 5 |
| 24 | 2 1 3 1 7 |
| 25 | 1 1 2 13 |
| 26 | 1 7 15 |
| 27 | 18 10 |
| 28 | 26 3 |
| 29 | 15 14 |
| 30 | 5 5 11 6 |

# B50 헬멧은 필수예요

난이도 ★☆☆☆☆ (★ 1.5)

30×30

Column clues (top to bottom):

| Column | Clues |
|---|---|
| 1 | 4 1 |
| 2 | 5 1 1 |
| 3 | 1 5 3 |
| 4 | 7 5 |
| 5 | 4 3 7 |
| 6 | 2 4 1 7 2 |
| 7 | 6 16 |
| 8 | 6 8 2 |
| 9 | 2 3 3 |
| 10 | 1 2 1 2 |
| 11 | 1 2 1 1 2 3 |
| 12 | 4 2 1 1 3 2 |
| 13 | 3 3 2 1 3 |
| 14 | 3 2 4 4 8 1 |
| 15 | 10 1 1 3 1 1 |
| 16 | 5 2 1 2 2 1 2 |
| 17 | 8 3 1 8 |
| 18 | 5 2 2 2 3 2 |
| 19 | 2 1 2 2 |
| 20 | 4 2 2 3 |
| 21 | 1 1 3 1 5 |
| 22 | 8 3 1 5 |
| 23 | 6 3 2 2 2 |
| 24 | 2 3 1 1 5 |
| 25 | 9 1 1 3 |
| 26 | 9 4 1 |
| 27 | 1 2 2 1 5 1 |
| 28 | 9 4 1 |
| 29 | 5 1 |
| 30 | 2 2 1 |

Row clues (left to right):

| Row | Clues |
|---|---|
| 1 | 6 |
| 2 | 8 |
| 3 | 7 |
| 4 | 2 4 |
| 5 | 1 4 4 |
| 6 | 1 1 2 2 1 |
| 7 | 7 6 4 |
| 8 | 1 5 6 7 |
| 9 | 4 2 2 1 2 5 3 |
| 10 | 8 1 2 2 2 6 |
| 11 | 4 7 1 1 10 |
| 12 | 1 7 6 1 5 3 |
| 13 | 6 5 1 11 |
| 14 | 1 4 2 1 |
| 15 | 4 5 2 |
| 16 | 6 1 2 |
| 17 | 2 2 1 5 |
| 18 | 2 5 1 |
| 19 | 2 2 2 |
| 20 | 2 2 1 1 |
| 21 | 3 1 2 5 |
| 22 | 2 1 4 3 |
| 23 | 2 1 1 4 3 |
| 24 | 3 1 1 6 |
| 25 | 3 1 1 2 |
| 26 | 6 4 4 |
| 27 | 9 2 1 6 |
| 28 | 5 1 5 7 7 |
| 29 | 5 15 |
| 30 | 3 4 |

# B51 다이얼을 돌려서 전화를 걸어요

난이도 ★☆☆☆☆

30×30

| Column | Clues |
|---|---|
| 1 | 4 9 |
| 2 | 11 2 3 |
| 3 | 7 2 2 2 2 |
| 4 | 2 4 1 2 |
| 5 | 1 4 2 |
| 6 | 1 3 10 |
| 7 | 1 3 3 5 |
| 8 | 1 3 2 5 |
| 9 | 1 4 2 5 |
| 10 | 1 2 1 6 4 |
| 11 | 1 6 5 4 4 |
| 12 | 1 1 6 1 1 2 5 |
| 13 | 1 5 3 4 2 4 |
| 14 | 1 2 18 4 |
| 15 | 1 2 1 2 2 2 1 4 |
| 16 | 1 2 1 2 1 2 2 1 4 |
| 17 | 1 2 1 5 4 4 4 |
| 18 | 1 2 1 5 4 1 1 4 |
| 19 | 1 8 1 4 1 1 4 |
| 20 | 1 4 2 2 2 5 4 |
| 21 | 1 1 9 6 4 |
| 22 | 1 6 3 4 2 5 |
| 23 | 1 2 3 1 1 1 4 |
| 24 | 1 3 5 4 4 |
| 25 | 1 4 7 4 |
| 26 | 1 3 2 4 |
| 27 | 1 3 3 3 |
| 28 | 2 3 3 3 |
| 29 | 2 3 7 |
| 30 | 5 |

| Row | Clues |
|---|---|
| 1 | 14 |
| 2 | 6 5 |
| 3 | 2 3 3 2 |
| 4 | 1 1 8 1 2 |
| 5 | 1 2 8 1 1 |
| 6 | 2 3 1 2 2 1 |
| 7 | 4 1 1 7 4 2 |
| 8 | 9 2 1 1 2 7 |
| 9 | 9 1 1 1 1 6 |
| 10 | 2 5 1 8 4 |
| 11 | 2 12 |
| 12 | 2 4 2 4 |
| 13 | 4 6 2 4 |
| 14 | 2 2 1 8 3 |
| 15 | 3 2 2 2 2 4 |
| 16 | 3 1 5 3 5 1 |
| 17 | 1 2 1 2 5 1 1 2 |
| 18 | 3 1 1 2 5 1 1 1 |
| 19 | 3 1 5 3 5 2 |
| 20 | 1 1 2 3 2 2 1 |
| 21 | 2 1 1 8 1 1 |
| 22 | 5 4 1 5 1 |
| 23 | 6 3 1 3 1 |
| 24 | 3 8 2 |
| 25 | 4 4 |
| 26 | 7 7 |
| 27 | 21 |
| 28 | 19 |
| 29 | 17 |
| 30 | 11 |

# B52 + B53 중간으로 가까워질수록 높은 점수를 받아요

30×30

| | | | | | | | | | | | | | | | | | | | | | | | | | | | | | |
|---|---|---|---|---|---|---|---|---|---|---|---|---|---|---|---|---|---|---|---|---|---|---|---|---|---|---|---|---|---|
| | | | | | | | 1 | | 1 | 1 | | 2 | 5 | | | | | | | | | | | | | | | | |
| | | | 2 | 2 | | 2 | 2 | 1 | 3 | 1 | 1 | 1 | 1 | 2 | | | | | | | | | 3 | 3 | 3 | 4 | | | |
| | | | 1 | 1 | | 2 | 2 | 3 | 1 | 3 | 1 | 1 | 1 | 4 | | | | | | | | 4 | 1 | 1 | 1 | 2 | | 5 | |
| | 2 | 2 | 1 | 2 | 7 | 13 | 9 | 11 | 7 | 5 | 3 | 4 | 1 | 3 | 2 | | 1 | 1 | 1 | 1 | | 1 | 2 | 2 | 2 | 1 | 9 | 4 | |
| 5 | 2 | 1 | 1 | 1 | 7 | 3 | 3 | 3 | 4 | 5 | 6 | 6 | 5 | 8 | 12 | 5 | 1 | 2 | 1 | 1 | 30 | 1 | 2 | 3 | 4 | 4 | 9 | 5 | 2 |

| | | | | |
|---|---|---|---|---|
| | | | | 2 |
| | | | | 2 |
| | | | | 3 |
| | | | | 4 |
| | | 7 | 1 | 3 |
| | 2 | 2 | 1 | 3 |
| | 1 | 3 | 1 | 3 |
| | 1 | 5 | 1 | 2 |
| 3 | 3 | 1 | 1 | 3 |
| | 7 | 3 | 1 | 2 |
| | 5 | 1 | 1 | 2 |
| 2 | 1 | 2 | 1 | 2 |
| 2 2 | 1 | 1 | 1 | 2 |
| 2 | 5 | 2 | 1 | 2 |
| 2 2 | 1 | 1 | 1 | 3 |
| | 1 | 6 | 14 | 2 |
| 1 | 10 | 3 | 1 | 2 |
| 1 7 | 3 | 1 | 3 | 2 |
| | 2 | 7 | 2 | 10 |
| 3 | 6 | 4 | 1 | 2 |
| | 7 | 1 | 1 | 2 |
| 4 | 2 | 1 | 1 | 2 |
| | 3 | 6 | 1 | 2 |
| | 2 | 7 | 1 | 3 |
| | 1 | 8 | 1 | 2 |
| | | 10 | 1 | 3 |
| | | 9 | 1 | 2 |
| | 2 | 1 | 1 | 2 |
| | 1 | 1 | 1 | 3 |
| | 1 | 1 | 1 | 2 |

+

난이도 ★½☆☆☆

30×30

Column clues (top to bottom):

| Column | Clues |
|---|---|
| 1 | 2 2 3 |
| 2 | 1 5 3 |
| 3 | 1 5 5 |
| 4 | 1 3 3 3 |
| 5 | 2 1 3 |
| 6 | 2 2 6 |
| 7 | 2 1 4 3 |
| 8 | 2 10 |
| 9 | 3 5 3 |
| 10 | 3 3 2 4 2 2 |
| 11 | 3 3 11 2 3 |
| 12 | 5 4 3 4 6 |
| 13 | 4 3 3 2 3 4 |
| 14 | 3 3 2 1 1 3 2 |
| 15 | 3 3 2 2 4 2 |
| 16 | 2 4 4 4 3 |
| 17 | 2 5 7 1 1 |
| 18 | 2 15 2 1 |
| 19 | 3 12 2 1 |
| 20 | 4 7 3 2 |
| 21 | 2 2 4 5 |
| 22 | 3 4 5 6 |
| 23 | 3 8 8 |
| 24 | 5 4 |
| 25 | 7 9 |
| 26 | 16 6 |
| 27 | 7 6 |
| 28 | 8 6 |
| 29 | 8 5 |
| 30 | 8 4 |

Row clues (left to right):

| Row | Clues |
|---|---|
| 1 | 29 |
| 2 | 26 |
| 3 | 7 2 9 |
| 4 | 2 2 7 |
| 5 | 2 2 7 |
| 6 | 1 5 1 6 |
| 7 | 2 7 1 6 |
| 8 | 1 8 2 1 3 |
| 9 | 3 2 2 5 1 1 |
| 10 | 4 1 1 4 1 1 |
| 11 | 3 1 2 2 3 1 1 |
| 12 | 6 2 1 4 3 1 1 |
| 13 | 3 6 1 1 3 1 1 |
| 14 | 1 5 1 3 1 1 |
| 15 | 1 2 1 3 2 1 |
| 16 | 1 4 1 3 1 2 |
| 17 | 1 2 3 3 1 1 |
| 18 | 1 2 3 1 1 |
| 19 | 1 3 3 2 1 |
| 20 | 1 2 4 1 2 |
| 21 | 2 7 1 3 |
| 22 | 1 6 2 4 |
| 23 | 1 2 2 3 1 5 |
| 24 | 4 2 2 1 4 |
| 25 | 4 2 2 2 3 |
| 26 | 1 1 3 7 3 4 |
| 27 | 4 1 5 4 4 |
| 28 | 4 2 3 8 3 |
| 29 | 3 1 4 3 3 |
| 30 | 1 1 3 3 2 |

# B 54 따뜻한 물에 몸을 담가요

난이도 ★★☆☆☆

30×30

| | Column clues |
|---|---|
| 1 | 1 15 2 |
| 2 | 1 2 1 1 2 2 |
| 3 | 1 2 1 1 2 1 1 |
| 4 | 1 11 2 1 |
| 5 | 1 2 1 1 1 1 2 1 |
| 6 | 1 2 1 1 3 2 |
| 7 | 1 13 2 |
| 8 | 1 2 1 3 1 2 |
| 9 | 1 2 1 2 2 2 |
| 10 | 4 1 9 2 2 |
| 11 | 2 3 1 2 1 1 2 3 |
| 12 | 1 9 1 1 2 2 |
| 13 | 2 3 1 7 1 2 |
| 14 | 1 4 1 1 2 1 1 2 |
| 15 | 2 3 1 4 4 1 2 |
| 16 | 1 1 3 1 1 2 |
| 17 | 1 2 2 1 1 2 |
| 18 | 1 4 1 1 1 1 2 |
| 19 | 1 4 1 2 1 2 |
| 20 | 1 2 1 1 1 2 |
| 21 | 1 4 2 1 2 |
| 22 | 1 5 1 1 2 |
| 23 | 1 6 2 2 2 |
| 24 | 2 4 7 2 2 |
| 25 | 1 4 2 1 1 2 2 |
| 26 | 2 8 1 1 1 3 |
| 27 | 2 5 8 1 3 |
| 28 | 3 1 2 1 1 1 2 |
| 29 | 1 2 1 2 1 2 |
| 30 | 1 10 1 2 |

| | Row clues |
|---|---|
| 1 | 10 |
| 2 | 3 3 |
| 3 | 3 2 |
| 4 | 2 7 2 |
| 5 | 1 3 6 1 |
| 6 | 1 4 2 4 1 |
| 7 | 5 2 7 |
| 8 | 2 7 |
| 9 | 5 3 6 |
| 10 | 1 1 3 |
| 11 | 12 1 1 5 |
| 12 | 1 2 1 |
| 13 | 12 5 1 6 |
| 14 | 13 3 8 |
| 15 | 1 1 1 1 1 2 1 1 1 |
| 16 | 1 1 1 1 2 3 1 1 1 |
| 17 | 19 7 |
| 18 | 1 1 1 1 1 1 1 1 1 |
| 19 | 1 1 1 1 3 4 1 |
| 20 | 13 1 1 4 |
| 21 | 1 1 4 2 |
| 22 | 1 1 2 1 |
| 23 | 7 |
| 24 | 3 2 |
| 25 | 1 8 8 |
| 26 | 2 17 |
| 27 | 6 5 |
| 28 | 8 10 |
| 29 | 2 21 |
| 30 | 5 10 |

# B55 인간과 유전적으로 가장 가까운 동물이래요

난이도 ★★☆☆☆

30×30

**Column clues (left to right, top to bottom):**

| Column | Clues |
|---|---|
| 1 | 6 |
| 2 | 8 |
| 3 | 5 10 |
| 4 | 3 3 6 |
| 5 | 2 1 5 |
| 6 | 4 2 1 2 3 |
| 7 | 2 2 2 1 1 2 |
| 8 | 4 2 1 5 2 4 |
| 9 | 5 3 3 5 6 |
| 10 | 7 2 6 2 1 |
| 11 | 6 2 6 1 1 |
| 12 | 5 2 1 3 3 1 |
| 13 | 4 3 3 2 2 1 |
| 14 | 4 3 2 1 2 2 |
| 15 | 5 1 3 1 3 |
| 16 | 5 2 1 3 1 4 |
| 17 | 6 3 1 2 2 |
| 18 | 6 5 1 1 4 |
| 19 | 5 2 1 3 1 1 1 |
| 20 | 5 5 2 1 1 4 |
| 21 | 4 3 3 1 1 1 |
| 22 | 3 1 1 1 2 4 |
| 23 | 4 2 1 2 1 |
| 24 | 10 3 3 2 |
| 25 | 3 2 9 6 |
| 26 | 2 1 14 |
| 27 | 5 13 |
| 28 | 11 |
| 29 | 10 |
| 30 | 7 |

**Row clues (top to bottom):**

| Row | Clues |
|---|---|
| 1 | 10 |
| 2 | 14 |
| 3 | 16 |
| 4 | 17 |
| 5 | 5 6 3 |
| 6 | 4 2 2 |
| 7 | 5 3 |
| 8 | 2 1 4 3 1 2 |
| 9 | 1 2 4 1 3 3 1 |
| 10 | 1 2 1 2 1 3 3 1 |
| 11 | 1 2 1 1 1 |
| 12 | 1 1 1 2 2 1 |
| 13 | 2 3 1 2 |
| 14 | 3 1 2 1 2 1 |
| 15 | 2 2 1 9 1 |
| 16 | 1 2 1 9 2 |
| 17 | 1 1 2 5 4 |
| 18 | 1 6 2 5 |
| 19 | 2 15 5 |
| 20 | 2 5 5 |
| 21 | 2 2 3 5 |
| 22 | 1 1 2 2 5 |
| 23 | 2 1 1 9 |
| 24 | 3 4 12 |
| 25 | 4 2 2 2 7 |
| 26 | 5 1 4 6 |
| 27 | 9 2 1 1 1 6 |
| 28 | 10 3 1 1 1 6 |
| 29 | 6 2 4 3 1 3 2 |
| 30 | 4 2 6 2 |

# B56 허리가 아파요

난이도 ★★☆☆☆

30×30

Column clues (left to right, top to bottom):

| Column | Clues |
|---|---|
| 1 | 7 5 5 |
| 2 | 7 1 3 5 |
| 3 | 7 2 4 5 |
| 4 | 8 1 1 5 |
| 5 | 9 1 2 5 |
| 6 | 9 1 1 5 |
| 7 | 9 1 1 5 |
| 8 | 9 1 1 5 |
| 9 | 9 1 1 5 |
| 10 | 9 1 1 9 |
| 11 | 9 5 4 4 |
| 12 | 9 1 3 2 1 |
| 13 | 9 1 4 2 |
| 14 | 9 1 2 2 |
| 15 | 3 2 1 2 2 |
| 16 | 1 3 1 1 2 |
| 17 | 4 7 3 |
| 18 | 3 2 2 2 |
| 19 | 2 2 2 2 2 |
| 20 | 2 1 1 4 |
| 21 | 2 2 1 2 2 |
| 22 | 4 2 2 2 2 |
| 23 | 7 2 4 1 3 |
| 24 | 6 3 5 1 2 |
| 25 | 12 2 1 5 1 |
| 26 | 8 2 1 1 1 2 2 |
| 27 | 1 6 2 2 2 2 3 |
| 28 | 2 4 2 2 2 3 |
| 29 | 13 2 2 3 2 |
| 30 | 14 5 2 2 |

Row clues (top to bottom):

| Row | Clues |
|---|---|
| 1 | 16 8 4 |
| 2 | 15 10 3 |
| 3 | 15 2 6 2 |
| 4 | 14 1 1 6 2 |
| 5 | 14 2 2 5 2 |
| 6 | 14 1 5 2 |
| 7 | 14 2 1 3 2 |
| 8 | 12 3 3 2 |
| 9 | 3 11 3 3 3 |
| 10 | 1 2 1 4 4 |
| 11 | 1 15 5 4 |
| 12 | 2 1 5 2 3 |
| 13 | 3 1 3 2 2 |
| 14 | 2 1 2 2 2 1 |
| 15 | 1 10 2 2 |
| 16 | 2 2 2 2 |
| 17 | 1 2 1 1 |
| 18 | 2 3 1 |
| 19 | 2 4 1 |
| 20 | 1 2 2 |
| 21 | 1 2 2 |
| 22 | 2 2 2 |
| 23 | 1 2 3 |
| 24 | 1 1 3 2 |
| 25 | 1 4 6 |
| 26 | 10 9 5 |
| 27 | 17 2 2 |
| 28 | 11 3 3 |
| 29 | 11 1 6 |
| 30 | 11 1 4 |

# B57 무거운 공으로 핀을 쓰러뜨려요

난이도 ★★☆☆☆

30×30

Column clues (top to bottom):

| Column | Clues |
|---|---|
| 1 | 4 3 1 5 |
| 2 | 4 3 1 2 3 |
| 3 | 4 3 1 1 6 |
| 4 | 4 3 1 2 6 |
| 5 | 9 1 10 |
| 6 | 9 1 1 8 |
| 7 | 2 8 7 |
| 8 | 4 2 5 |
| 9 | 4 3 |
| 10 | 6 2 4 |
| 11 | 4 3 2 3 2 |
| 12 | 2 2 2 4 1 11 |
| 13 | 2 1 1 1 2 3 4 |
| 14 | 3 1 4 4 |
| 15 | 4 2 2 3 |
| 16 | 7 1 7 |
| 17 | 4 1 2 4 |
| 18 | 1 1 2 2 |
| 19 | 1 1 2 2 2 |
| 20 | 5 1 3 1 1 1 |
| 21 | 1 3 2 1 2 1 4 1 |
| 22 | 1 3 1 1 3 1 2 1 |
| 23 | 5 1 1 4 1 1 |
| 24 | 3 1 1 2 1 1 1 |
| 25 | 3 1 2 1 4 4 |
| 26 | 1 3 1 1 6 4 |
| 27 | 1 3 4 9 5 |
| 28 | 5 1 1 3 5 3 |
| 29 | 3 1 1 2 3 5 |
| 30 | 3 1 3 3 5 |

Row clues (left to right):

| Row | Clues |
|---|---|
| 1 | 6 11 |
| 2 | 8 1 3 3 |
| 3 | 2 4 11 |
| 4 | 2 1 3 4 3 |
| 5 | 1 1 2 11 |
| 6 | 1 2 1 |
| 7 | 6 2 7 |
| 8 | 7 5 5 |
| 9 | 7 3 6 |
| 10 | 6 2 1 1 |
| 11 | 2 1 6 1 2 |
| 12 | 2 1 1 1 6 |
| 13 | 9 2 2 |
| 14 | 8 1 2 4 |
| 15 | 8 2 1 4 |
| 16 | 2 4 5 4 |
| 17 | 1 1 2 3 1 2 |
| 18 | 7 8 8 |
| 19 | 1 1 2 1 6 |
| 20 | 4 1 2 2 6 |
| 21 | 2 3 1 4 6 |
| 22 | 6 1 1 4 1 5 |
| 23 | 2 5 1 2 2 |
| 24 | 1 6 1 2 6 |
| 25 | 1 6 1 3 3 |
| 26 | 8 1 1 2 4 |
| 27 | 8 5 10 |
| 28 | 6 5 2 |
| 29 | 4 5 |
| 30 | 4 |

# B58 여기엔 빨간색을 발라주세요~

난이도 ★★☆☆☆

30×30

| | | | | | | | | | | | | | | | | | | | | | | | | | | | | | |
|---|---|---|---|---|---|---|---|---|---|---|---|---|---|---|---|---|---|---|---|---|---|---|---|---|---|---|---|---|---|
| | | | 8 | | | | | | | | | | | | | | | | | | | | | | | | | | |
| | 5 | 1 | 4 | 8 | 8 | 8 | 1 | 5 | | | | | | | 5 | 5 | | | | | 4 | 3 | 2 | 1 | 2 | 2 | | | |
| 5 | 3 | 3 | 1 | 4 | 4 | 4 | 3 | 3 | 5 | | 5 | 5 | 5 | 5 | 2 | 2 | 5 | 5 | 11 | 10 | 4 | 3 | 2 | 1 | 1 | 2 | 2 | 3 | 4 |
| 6 | 1 | 1 | 2 | 1 | 1 | 1 | 1 | 1 | 6 | 5 | 3 | 1 | 1 | 2 | 2 | 2 | 5 | 4 | 2 | 1 | 1 | 6 | 6 | 1 | 2 | 2 | 6 | 6 | 2 |
| 10 | 3 | 6 | 2 | 8 | 8 | 6 | 10 | 12 | 3 | 7 | 2 | 8 | 8 | 7 | 10 | 8 | 2 | 6 | 3 | 8 | 8 | 6 | 9 | 7 | 5 | 3 | 7 | 5 | 5 |

| | | | | | | |
|---|---|---|---|---|---|---|
| | | | | 2 | 4 | 17 |
| | | | | 2 | 4 | 16 |
| | | | 2 | 4 | 15 | 1 |
| | | | 2 | 4 | 14 | 2 |
| | | | 2 | 4 | 13 | 3 |
| | | | | 4 | 3 | 4 |
| | | | | 4 | 4 | 2 |
| | | | | | 8 | 7 |
| | | | | 1 | 1 | 6 |
| | | | 2 | 4 | 2 | 4 |
| | | 1 | 6 | 1 | 4 | 2 |
| | | 1 | 6 | 1 | 4 | 2 |
| | 1 | 6 | 1 | 2 | 1 | 6 |
| | 1 | 1 | 4 | 2 | 2 | 2 |
| | | 10 | 1 | 2 | 2 | 2 |
| | | | | 6 | 2 | 5 |
| | | | 3 | 2 | 3 | 5 |
| | | 5 | 2 | 3 | 3 | 2 |
| | 2 | 3 | 3 | 3 | 5 | 2 |
| 2 | 3 | 1 | 1 | 3 | 1 | 3 |
| 3 | 5 | 1 | 4 | 2 | 3 | 2 |
| 1 | 1 | 5 | 6 | 2 | 4 | 4 |
| 1 | 7 | 3 | 2 | 6 | 1 | 2 |
| | 1 | 3 | 2 | 2 | 8 | 2 |
| | | 1 | 2 | 2 | 3 | 6 |
| | | | 1 | 2 | 2 | 7 |
| | 1 | 2 | 2 | 2 | 2 | 1 |
| | | 1 | 2 | 2 | 2 | 1 |
| | | 1 | 2 | 2 | 2 | 1 |
| | | 1 | 2 | 2 | 2 | 1 |

# B59 날개가 있지만 날진 못해요

난이도 ★★½☆☆

30×30

**Column clues (left to right, top to bottom):**

| Column | Clues |
|---|---|
| 1 | 2 3 |
| 2 | 3 7 2 1 |
| 3 | 1 1 3 3 2 2 |
| 4 | 2 1 3 3 2 2 3 |
| 5 | 7 6 4 1 1 |
| 6 | 1 2 1 3 4 2 2 |
| 7 | 1 1 3 1 1 7 1 1 |
| 8 | 2 2 3 7 2 1 |
| 9 | 2 2 12 1 1 |
| 10 | 4 12 1 1 |
| 11 | 13 1 1 |
| 12 | 16 1 |
| 13 | 16 1 |
| 14 | 14 1 |
| 15 | 14 2 |
| 16 | 17 |
| 17 | 7 2 3 |
| 18 | 7 2 2 |
| 19 | 5 2 1 2 |
| 20 | 5 1 2 2 |
| 21 | 3 1 2 2 2 |
| 22 | 3 2 6 1 |
| 23 | 5 1 3 1 2 |
| 24 | 2 1 6 1 2 |
| 25 | 1 1 2 3 2 2 |
| 26 | 1 1 2 1 3 1 |
| 27 | 1 2 1 2 2 |
| 28 | 2 1 2 3 2 |
| 29 | 1 2 2 1 2 |
| 30 | 9 |

**Row clues (top to bottom, left to right):**

| Row | Clues |
|---|---|
| 1 | 4 |
| 2 | 2 2 |
| 3 | 6 2 |
| 4 | 2 2 1 |
| 5 | 5 1 |
| 6 | 2 2 |
| 7 | 2 2 |
| 8 | 1 2 |
| 9 | 2 1 |
| 10 | 1 2 6 5 |
| 11 | 2 2 12 2 3 |
| 12 | 1 19 3 1 |
| 13 | 1 1 17 4 |
| 14 | 1 1 17 2 2 |
| 15 | 1 2 12 6 1 |
| 16 | 1 2 12 2 1 3 |
| 17 | 3 13 6 2 |
| 18 | 1 12 3 2 2 1 |
| 19 | 16 5 1 1 |
| 20 | 17 3 2 |
| 21 | 12 4 |
| 22 | 11 2 |
| 23 | 7 1 |
| 24 | 3 6 4 4 |
| 25 | 2 3 2 1 2 2 |
| 26 | 2 2 2 1 |
| 27 | 2 1 10 3 2 |
| 28 | 1 2 1 2 2 |
| 29 | 5 2 2 |
| 30 | 2 1 |

# B60 해골의 모습을 하고 있어요

난이도 ★★½☆☆

30×30

Column clues (top to bottom, columns 1–30):

| Column | Clues |
|---|---|
| 1 | 3 5 |
| 2 | 2 2 3 1 2 2 |
| 3 | 2 5 2 1 1 4 |
| 4 | 2 6 2 2 6 |
| 5 | 1 3 2 7 1 |
| 6 | 1 5 4 3 5 1 |
| 7 | 2 2 5 12 1 |
| 8 | 1 2 3 3 13 1 |
| 9 | 1 1 3 16 2 |
| 10 | 1 2 1 1 14 2 |
| 11 | 1 1 2 16 2 |
| 12 | 1 1 1 14 1 |
| 13 | 1 1 2 13 1 |
| 14 | 1 1 3 9 1 |
| 15 | 1 1 3 8 2 |
| 16 | 1 2 1 1 2 2 2 |
| 17 | 2 10 9 1 |
| 18 | 2 2 1 7 4 1 |
| 19 | 9 2 5 3 |
| 20 | 4 2 3 |
| 21 | 1 25 |
| 22 | 1 1 4 1 |
| 23 | 1 12 11 |
| 24 | 4 1 1 |
| 25 | 1 2 2 2 |
| 26 | 2 1 4 |
| 27 | 1 1 |
| 28 | 2 2 |
| 29 | 2 2 |
| 30 | 5 |

Row clues (left to right, rows 1–30):

| Row | Clues |
|---|---|
| 1 | 9 |
| 2 | 4 2 |
| 3 | 2 5 10 |
| 4 | 2 3 2 3 1 3 |
| 5 | 2 2 2 2 1 2 |
| 6 | 1 1 2 1 7 2 |
| 7 | 4 1 3 3 1 1 1 4 1 |
| 8 | 3 1 2 1 2 1 1 1 1 3 |
| 9 | 2 1 4 5 1 1 1 2 |
| 10 | 2 2 3 1 1 1 1 1 |
| 11 | 2 1 3 1 1 |
| 12 | 6 1 1 4 1 1 |
| 13 | 5 1 1 3 1 1 |
| 14 | 10 3 1 1 |
| 15 | 2 8 3 1 |
| 16 | 2 9 1 2 3 |
| 17 | 2 9 2 3 2 |
| 18 | 2 9 2 2 1 |
| 19 | 1 10 3 2 1 |
| 20 | 2 9 3 3 2 |
| 21 | 1 9 5 3 |
| 22 | 5 8 5 1 |
| 23 | 1 2 7 1 3 1 |
| 24 | 2 9 1 1 1 |
| 25 | 11 2 1 1 |
| 26 | 9 1 1 1 |
| 27 | 10 1 1 1 |
| 28 | 6 2 1 1 |
| 29 | 3 3 2 1 1 1 |
| 30 | 18 3 |

# B61 가톨릭의 최고 성직자예요

난이도 ★☆☆☆☆

35×35

| 열 | 세로 힌트 (위→아래) |
|---|---|
| 1 | 5 16 |
| 2 | 5 10 2 5 |
| 3 | 7 2 1 5 |
| 4 | 4 1 2 3 3 |
| 5 | 3 1 8 |
| 6 | 8 11 |
| 7 | 8 2 2 |
| 8 | 6 3 2 |
| 9 | 9 2 |
| 10 | 5 6 |
| 11 | 6 4 2 |
| 12 | 10 6 2 |
| 13 | 6 9 2 |
| 14 | 4 1 3 3 2 |
| 15 | 3 2 1 2 2 11 |
| 16 | 2 1 2 4 1 1 11 |
| 17 | 9 1 1 1 2 1 3 3 |
| 18 | 1 1 1 2 1 1 2 1 1 2 |
| 19 | 9 2 2 2 1 2 3 3 |
| 20 | 2 2 1 1 2 11 |
| 21 | 3 1 2 2 12 |
| 22 | 4 2 3 2 2 |
| 23 | 5 3 4 2 2 |
| 24 | 7 3 6 3 |
| 25 | 7 1 7 |
| 26 | 7 1 6 |
| 27 | 7 1 3 1 1 |
| 28 | 7 9 1 1 5 |
| 29 | 2 1 1 1 2 7 |
| 30 | 7 9 12 |
| 31 | 7 1 2 2 5 |
| 32 | 7 1 6 5 |
| 33 | 7 1 10 1 |
| 34 | 7 1 3 4 |
| 35 | 9 10 |

| 행 | 가로 힌트 (왼쪽→오른쪽) |
|---|---|
| 1 | 35 |
| 2 | 17 17 |
| 3 | 15 1 1 8 6 |
| 4 | 4 9 1 1 7 6 |
| 5 | 3 8 1 1 6 6 |
| 6 | 1 4 3 1 1 5 6 |
| 7 | 2 2 1 1 1 1 6 6 |
| 8 | 1 2 1 1 1 1 1 1 |
| 9 | 1 2 1 3 2 6 6 |
| 10 | 1 1 4 3 1 1 1 |
| 11 | 1 2 1 4 3 1 1 |
| 12 | 2 2 4 3 1 1 1 |
| 13 | 5 2 4 1 1 |
| 14 | 1 1 5 3 3 1 1 |
| 15 | 2 1 2 2 1 1 2 1 1 |
| 16 | 2 2 4 1 1 2 1 1 |
| 17 | 1 8 4 9 |
| 18 | 1 1 7 1 6 2 |
| 19 | 1 1 3 1 3 2 5 1 |
| 20 | 1 1 1 2 2 3 2 |
| 21 | 1 1 2 6 6 3 |
| 22 | 1 2 2 2 1 3 |
| 23 | 2 2 2 2 2 3 5 |
| 24 | 5 2 2 2 4 1 1 |
| 25 | 1 1 3 3 1 1 1 1 |
| 26 | 1 1 7 1 1 1 1 |
| 27 | 1 1 2 2 3 1 1 |
| 28 | 1 1 2 2 2 1 1 |
| 29 | 2 2 3 3 2 2 1 |
| 30 | 2 1 7 2 1 1 |
| 31 | 3 3 3 4 1 |
| 32 | 2 2 2 4 2 |
| 33 | 3 3 3 4 1 |
| 34 | 2 7 2 1 |
| 35 | 2 7 2 2 |

# B62 + B63 풍경을 보며 음료를 마셔요

35×35

Column clues (left to right, top to bottom)

| Column | Clues |
|---|---|
| 1 | 7 |
| 2 | 2 12 |
| 3 | 3 6 |
| 4 | 3 8 2 1 |
| 5 | 3 5 2 2 4 1 |
| 6 | 4 8 1 3 1 |
| 7 | 4 4 1 3 1 4 1 |
| 8 | 3 1 3 1 1 1 1 6 |
| 9 | 2 1 2 2 1 2 6 |
| 10 | 2 1 2 1 8 2 |
| 11 | 2 1 4 1 2 3 |
| 12 | 2 1 5 2 |
| 13 | 2 3 1 3 2 |
| 14 | 1 4 2 1 7 |
| 15 | 1 4 4 1 2 |
| 16 | 1 5 1 1 1 |
| 17 | 7 4 1 2 |
| 18 | 3 1 1 1 1 1 |
| 19 | 1 19 7 1 |
| 20 | 2 19 7 1 |
| 21 | 4 1 1 1 1 1 |
| 22 | 7 1 1 2 |
| 23 | 1 5 4 1 |
| 24 | 1 4 1 1 1 2 |
| 25 | 1 3 4 9 |
| 26 | 2 1 5 1 1 2 1 2 |
| 27 | 1 1 3 2 3 1 1 5 |
| 28 | 2 1 2 2 4 1 2 |
| 29 | 3 1 3 1 2 1 4 |
| 30 | 4 4 2 3 2 1 |
| 31 | 4 7 1 1 2 1 |
| 32 | 4 7 3 1 2 1 |
| 33 | 3 4 1 1 7 |
| 34 | 3 15 |
| 35 | 2 8 |

Row clues (top to bottom)

| Row | Clues |
|---|---|
| 1 | 9 |
| 2 | 4 2 3 3 |
| 3 | 6 3 3 4 |
| 4 | 5 4 4 5 |
| 5 | 6 5 4 6 |
| 6 | 6 5 4 6 |
| 7 | 34 |
| 8 | 2 |
| 9 | 2 |
| 10 | 2 |
| 11 | 2 |
| 12 | 2 |
| 13 | 5 2 5 |
| 14 | 7 2 7 |
| 15 | 4 1 2 2 5 |
| 16 | 3 1 2 1 4 |
| 17 | 2 1 2 1 3 |
| 18 | 3 1 2 2 4 |
| 19 | 1 2 2 6 |
| 20 | 2 2 2 1 2 |
| 21 | 2 1 1 2 1 1 |
| 22 | 1 1 1 3 2 3 1 1 1 |
| 23 | 1 4 1 1 2 1 3 1 1 1 |
| 24 | 2 1 3 2 7 1 5 2 |
| 25 | 2 2 1 6 2 6 1 2 |
| 26 | 2 9 8 |
| 27 | 2 1 20 2 |
| 28 | 2 2 2 2 2 2 2 |
| 29 | 2 3 2 2 1 3 |
| 30 | 10 1 2 1 6 |
| 31 | 10 1 2 11 |
| 32 | 2 2 1 1 2 1 1 1 2 |
| 33 | 8 1 1 4 1 1 6 |
| 34 | 2 2 4 1 1 6 2 |
| 35 | 2 2 4 6 5 2 |

+

**난이도** ★½☆☆☆

35×35

**Column clues (left to right, top to bottom):**

| Column | Clues |
| --- | --- |
| 1 | 4 6 |
| 2 | 6 6 2 |
| 3 | 8 4 |
| 4 | 2 4 2 3 1 2 |
| 5 | 3 3 1 2 6 |
| 6 | 6 4 2 2 |
| 7 | 4 2 1 1 3 5 |
| 8 | 2 1 3 5 2 |
| 9 | 2 1 3 2 7 |
| 10 | 4 3 1 1 3 2 |
| 11 | 2 4 1 6 5 |
| 12 | 1 2 2 3 2 2 1 |
| 13 | 1 2 7 2 2 1 |
| 14 | 12 9 2 1 |
| 15 | 2 4 1 3 1 3 2 1 |
| 16 | 1 1 3 3 7 2 5 |
| 17 | 2 2 2 1 4 2 1 |
| 18 | 13 1 7 5 |
| 19 | 1 9 2 4 2 2 1 |
| 20 | 1 1 19 2 2 1 |
| 21 | 1 1 3 1 3 1 3 2 1 |
| 22 | 7 1 9 2 1 |
| 23 | 1 4 1 2 5 |
| 24 | 1 1 7 4 4 1 |
| 25 | 1 1 8 1 4 3 2 |
| 26 | 4 1 4 2 3 9 |
| 27 | 2 3 2 3 1 1 2 |
| 28 | 3 6 2 1 2 |
| 29 | 3 7 4 1 7 |
| 30 | 4 3 2 1 2 |
| 31 | 4 16 |
| 32 | 3 2 1 |
| 33 | 25 |
| 34 | 2 2 |
| 35 | 0 |

**Row clues (top to bottom):**

| Row | Clues |
| --- | --- |
| 1 | 15 |
| 2 | 2 2 2 1 1 |
| 3 | 1 3 1 1 3 1 |
| 4 | 1 3 1 1 3 |
| 5 | 2 1 1 1 3 1 |
| 6 | 15 |
| 7 | 19 |
| 8 | 3 3 3 3 3 |
| 9 | 4 3 3 3 4 |
| 10 | 4 3 3 3 4 |
| 11 | 4 3 3 3 5 |
| 12 | 31 |
| 13 | 1 5 5 1 |
| 14 | 4 2 3 1 4 1 |
| 15 | 6 1 2 1 3 1 |
| 16 | 5 1 1 2 1 3 1 |
| 17 | 4 1 1 2 1 3 1 |
| 18 | 3 1 7 3 2 1 |
| 19 | 4 1 1 1 1 1 1 1 |
| 20 | 3 2 1 1 1 1 1 1 1 1 |
| 21 | 1 2 1 5 1 1 1 1 1 1 |
| 22 | 1 1 3 1 5 1 1 1 1 1 1 |
| 23 | 1 1 1 1 1 1 5 1 2 1 1 1 |
| 24 | 1 1 3 1 1 3 1 1 1 2 1 1 |
| 25 | 1 1 1 2 2 1 2 5 1 1 |
| 26 | 1 21 4 |
| 27 | 1 30 |
| 28 | 2 2 1 1 1 |
| 29 | 1 1 1 1 1 1 |
| 30 | 6 1 4 4 1 1 1 1 |
| 31 | 7 1 6 6 1 1 1 1 |
| 32 | 1 1 1 1 1 1 1 1 1 1 1 1 |
| 33 | 1 1 1 1 1 1 1 1 1 1 1 1 |
| 34 | 1 1 5 1 1 1 7 1 |
| 35 | 1 1 27 |

# B64 세계 4대 성인 중 한 사람이에요

난이도 ★★☆☆☆

35×35

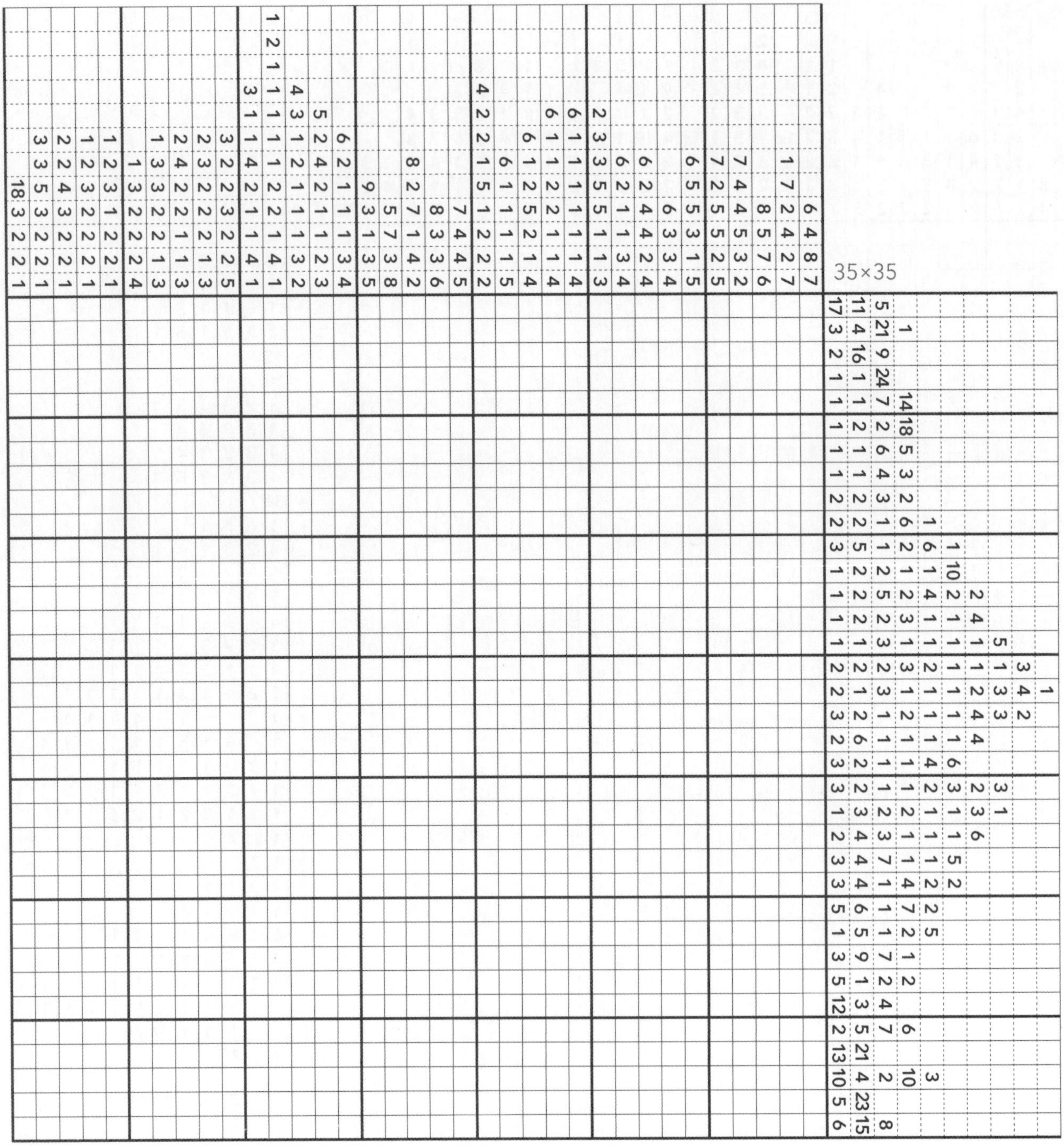

# B65 힘껏 내려쳐요

난이도 ★☆☆☆☆ (1.5/5)

35×35

Column clues (top to bottom):

| Column | Clues |
|---|---|
| 1 | 3 11 7 |
| 2 | 3 9 2 5 |
| 3 | 3 1 2 2 5 |
| 4 | 15 5 1 5 |
| 5 | 20 2 1 5 |
| 6 | 20 2 1 5 |
| 7 | 4 1 2 1 5 |
| 8 | 4 2 1 5 1 5 |
| 9 | 5 3 1 2 2 6 |
| 10 | 4 3 5 2 1 5 |
| 11 | 1 9 2 2 6 |
| 12 | 3 1 2 7 |
| 13 | 4 1 4 2 |
| 14 | 4 3 2 |
| 15 | 5 1 1 1 2 |
| 16 | 4 5 1 1 1 3 |
| 17 | 8 1 3 6 |
| 18 | 5 1 1 6 4 1 |
| 19 | 4 5 3 1 3 3 1 |
| 20 | 4 4 3 1 1 1 7 1 |
| 21 | 4 1 3 3 1 3 1 |
| 22 | 5 1 3 2 3 3 1 |
| 23 | 5 1 4 3 2 4 2 |
| 24 | 6 4 2 5 1 |
| 25 | 9 5 10 |
| 26 | 3 2 4 5 |
| 27 | 4 7 5 |
| 28 | 1 2 15 |
| 29 | 2 2 10 3 1 |
| 30 | 3 1 14 1 |
| 31 | 3 2 3 10 2 |
| 32 | 9 10 1 |
| 33 | 11 7 4 2 |
| 34 | 10 7 5 |
| 35 | 4 9 5 |

Row clues (left to right):

| Row | Clues |
|---|---|
| 1 | 2 2 7 2 2 |
| 2 | 2 2 9 2 2 1 |
| 3 | 1 2 2 10 4 1 |
| 4 | 2 2 3 11 6 |
| 5 | 3 2 2 3 7 5 |
| 6 | 8 2 2 3 3 |
| 7 | 6 4 3 1 1 6 |
| 8 | 1 4 1 1 1 4 4 |
| 9 | 1 4 1 1 2 2 4 3 |
| 10 | 2 3 2 1 1 8 2 |
| 11 | 2 3 1 1 1 1 6 2 |
| 12 | 2 3 2 3 1 4 1 |
| 13 | 2 3 1 2 2 1 2 |
| 14 | 2 3 4 1 1 1 1 1 |
| 15 | 2 3 2 1 1 1 2 1 |
| 16 | 2 3 2 1 3 1 1 2 |
| 17 | 2 3 2 2 1 2 1 1 3 |
| 18 | 14 8 6 |
| 19 | 3 1 1 2 7 |
| 20 | 3 6 2 7 |
| 21 | 1 5 8 |
| 22 | 16 2 8 |
| 23 | 12 4 2 8 |
| 24 | 1 1 4 1 9 |
| 25 | 1 1 2 10 |
| 26 | 3 4 13 |
| 27 | 3 1 2 6 7 |
| 28 | 1 5 1 4 1 4 1 |
| 29 | 1 10 1 1 1 |
| 30 | 3 12 5 3 |
| 31 | 12 5 5 2 |
| 32 | 12 2 5 2 |
| 33 | 12 1 6 3 |
| 34 | 10 7 3 5 |
| 35 | 6 4 |

# B66 한국의 민속무용이에요

난이도 ★½☆☆☆

35×35

**Column clues (left to right, top to bottom)**

| Column | Clues |
|---|---|
| 1 | 11 3 2 |
| 2 | 5 3 3 2 |
| 3 | 4 2 3 3 2 |
| 4 | 3 1 1 2 4 2 |
| 5 | 2 5 1 5 2 |
| 6 | 2 4 1 3 2 |
| 7 | 2 3 1 6 2 |
| 8 | 3 2 3 3 2 3 2 2 |
| 9 | 3 1 5 1 1 3 1 2 |
| 10 | 5 3 1 1 3 2 2 |
| 11 | 7 2 2 6 1 2 |
| 12 | 9 2 1 7 2 2 |
| 13 | 12 6 6 2 |
| 14 | 13 1 2 3 4 |
| 15 | 13 3 2 3 |
| 16 | 10 2 5 1 1 |
| 17 | 9 3 3 1 1 1 |
| 18 | 8 1 8 2 1 1 |
| 19 | 7 2 1 3 1 8 |
| 20 | 6 1 1 3 1 3 3 |
| 21 | 7 1 4 1 3 |
| 22 | 8 2 4 6 4 |
| 23 | 9 11 4 1 1 |
| 24 | 10 3 4 1 |
| 25 | 13 6 2 1 2 |
| 26 | 6 6 3 1 1 2 |
| 27 | 4 2 2 2 4 |
| 28 | 3 1 3 3 |
| 29 | 1 1 7 1 1 3 |
| 30 | 1 2 4 6 3 |
| 31 | 1 6 2 3 |
| 32 | 1 4 2 3 |
| 33 | 2 2 2 3 |
| 34 | 3 2 2 3 |
| 35 | 10 3 |

**Row clues (top to bottom, left to right)**

| Row | Clues |
|---|---|
| 1 | 35 |
| 2 | 28 3 |
| 3 | 4 23 2 |
| 4 | 3 18 2 1 |
| 5 | 2 19 2 1 |
| 6 | 1 2 16 4 1 |
| 7 | 1 2 9 5 7 |
| 8 | 1 3 7 4 4 2 |
| 9 | 1 1 1 6 3 3 1 |
| 10 | 1 2 2 4 2 1 2 |
| 11 | 2 1 1 3 5 1 1 2 |
| 12 | 1 1 2 4 3 5 1 2 |
| 13 | 2 1 5 4 4 4 |
| 14 | 3 4 3 3 1 2 |
| 15 | 1 6 1 1 |
| 16 | 3 1 3 1 1 |
| 17 | 4 1 4 3 1 |
| 18 | 1 4 1 1 4 |
| 19 | 2 4 1 1 |
| 20 | 6 5 1 1 |
| 21 | 6 8 2 1 |
| 22 | 1 7 1 2 |
| 23 | 2 4 3 1 1 |
| 24 | 2 5 2 5 2 |
| 25 | 1 3 2 2 1 2 |
| 26 | 5 1 1 2 2 |
| 27 | 7 2 1 1 2 |
| 28 | 7 1 2 1 3 |
| 29 | 4 1 2 1 3 |
| 30 | 2 4 1 1 |
| 31 | 3 1 1 1 |
| 32 | 2 1 6 |
| 33 | 9 9 |
| 34 | 15 4 11 |
| 35 | 35 |

# B67 연주를 조화롭게 이끄는 역할을 해요

난이도 ★☆☆☆☆ (1.5)

35×35

Column clues (left to right, top to bottom):

| Column | Clues |
|---|---|
| 1 | 7 7 |
| 2 | 10 11 |
| 3 | 12 14 |
| 4 | 28 |
| 5 | 8 3 14 |
| 6 | 9 3 14 |
| 7 | 10 3 13 |
| 8 | 6 2 1 13 |
| 9 | 4 14 |
| 10 | 3 13 |
| 11 | 3 2 13 |
| 12 | 6 2 13 |
| 13 | 3 1 12 4 |
| 14 | 1 1 1 2 8 2 |
| 15 | 7 9 |
| 16 | 9 |
| 17 | 16 |
| 18 | 17 |
| 19 | 2 15 |
| 20 | 12 9 |
| 21 | 2 6 9 |
| 22 | 2 4 6 |
| 23 | 1 1 1 1 4 7 |
| 24 | 2 1 1 4 8 |
| 25 | 4 5 8 |
| 26 | 4 1 4 8 |
| 27 | 4 3 10 |
| 28 | 3 4 5 |
| 29 | 3 3 3 2 |
| 30 | 2 1 2 2 |
| 31 | 5 1 1 |
| 32 | 2 1 1 3 |
| 33 | 2 1 1 1 2 |
| 34 | 1 2 1 3 |
| 35 | 8 |

Row clues (top to bottom):

| Row | Clues |
|---|---|
| 1 | 1 |
| 2 | 2 |
| 3 | 1 |
| 4 | 2 |
| 5 | 2 |
| 6 | 2 |
| 7 | 5 2 |
| 8 | 10 2 |
| 9 | 12 2 |
| 10 | 8 3 2 |
| 11 | 8 2 2 |
| 12 | 8 2 2 6 |
| 13 | 7 2 1 2 1 |
| 14 | 7 2 2 5 3 |
| 15 | 8 1 1 2 2 1 1 |
| 16 | 4 2 3 1 4 1 2 2 |
| 17 | 4 1 1 2 1 5 |
| 18 | 5 2 2 3 1 1 1 |
| 19 | 5 3 3 1 1 5 |
| 20 | 4 2 2 2 2 1 1 1 |
| 21 | 1 2 1 10 3 4 |
| 22 | 4 1 11 1 1 1 |
| 23 | 22 2 2 2 |
| 24 | 21 3 4 |
| 25 | 21 5 1 |
| 26 | 19 10 |
| 27 | 30 |
| 28 | 28 |
| 29 | 28 |
| 30 | 13 11 |
| 31 | 12 9 |
| 32 | 12 8 |
| 33 | 12 5 |
| 34 | 12 5 |
| 35 | 12 5 |

# B68 더러운 옷을 빨아요

난이도 ★★☆☆☆

35×35

| Column | Clues |
|---|---|
| 1 | 21 |
| 2 | 7 1 2 |
| 3 | 4 4 1 7 1 |
| 4 | 4 4 1 2 2 1 |
| 5 | 9 1 2 4 2 1 |
| 6 | 3 1 1 2 2 2 1 |
| 7 | 7 1 1 2 6 1 1 |
| 8 | 8 1 1 1 7 1 1 |
| 9 | 4 3 3 1 1 7 1 1 |
| 10 | 1 2 3 1 1 1 9 1 1 |
| 11 | 10 3 1 9 1 1 |
| 12 | 8 1 1 1 8 2 1 |
| 13 | 2 3 3 2 7 1 1 |
| 14 | 4 1 3 2 4 2 1 |
| 15 | 1 1 1 2 2 1 |
| 16 | 1 3 7 1 |
| 17 | 6 1 |
| 18 | 4 16 |
| 19 | 1 1 1 2 |
| 20 | 2 2 8 2 |
| 21 | 6 1 2 2 |
| 22 | 1 2 1 2 3 |
| 23 | 1 2 5 3 |
| 24 | 6 2 2 1 6 |
| 25 | 2 1 2 1 3 1 1 1 |
| 26 | 2 2 1 1 4 1 1 2 |
| 27 | 3 1 1 1 1 6 |
| 28 | 3 1 1 3 2 8 1 3 |
| 29 | 4 1 1 1 1 1 3 |
| 30 | 6 2 1 3 1 6 |
| 31 | 5 4 6 1 1 |
| 32 | 8 1 1 2 1 1 |
| 33 | 6 2 1 6 6 |
| 34 | 5 2 2 8 1 |
| 35 | 3 6 2 |

| Row | Clues |
|---|---|
| 1 | 7 |
| 2 | 10 |
| 3 | 2 9 |
| 4 | 1 7 |
| 5 | 3 1 6 |
| 6 | 3 1 1 1 3 |
| 7 | 1 1 1 2 |
| 8 | 2 5 2 3 |
| 9 | 4 7 4 2 |
| 10 | 4 2 4 1 3 |
| 11 | 4 2 2 1 8 2 |
| 12 | 1 1 2 2 1 5 2 |
| 13 | 1 1 8 4 5 1 |
| 14 | 4 7 1 1 1 4 1 |
| 15 | 18 2 2 4 1 |
| 16 | 1 4 5 4 1 1 |
| 17 | 1 4 9 5 1 2 |
| 18 | 1 1 1 2 2 3 4 |
| 19 | 17 1 6 |
| 20 | 1 4 1 1 |
| 21 | 1 7 1 1 1 1 |
| 22 | 1 2 2 1 1 1 1 |
| 23 | 1 2 6 2 1 1 1 2 |
| 24 | 1 2 2 4 2 1 1 1 1 |
| 25 | 1 1 2 7 1 1 1 1 1 |
| 26 | 1 1 1 8 1 1 9 1 |
| 27 | 1 1 1 8 1 1 1 1 |
| 28 | 1 1 1 8 1 6 2 |
| 29 | 1 1 8 1 6 2 |
| 30 | 1 2 8 2 1 12 |
| 31 | 1 2 5 2 1 1 1 1 1 |
| 32 | 1 2 3 1 1 1 1 1 |
| 33 | 1 7 1 3 4 1 |
| 34 | 2 1 4 5 1 |
| 35 | 18 14 |

# B69 좋은 냄새가 풍겨요

난이도 ★★☆☆☆

35×35

Column clues (left to right, read top to bottom):

| Column | Clues |
|---|---|
| 1 | 19 |
| 2 | 12 1 |
| 3 | 4 10 1 |
| 4 | 2 3 10 2 |
| 5 | 1 3 10 6 |
| 6 | 2 2 9 2 |
| 7 | 1 1 5 2 1 |
| 8 | 1 2 5 2 |
| 9 | 1 2 5 2 |
| 10 | 1 1 4 2 |
| 11 | 2 1 4 1 1 |
| 12 | 1 2 4 2 2 |
| 13 | 1 7 3 2 |
| 14 | 2 9 2 |
| 15 | 1 3 2 2 3 |
| 16 | 2 2 3 4 1 1 |
| 17 | 4 1 1 10 5 1 |
| 18 | 10 16 1 |
| 19 | 6 2 9 1 |
| 20 | 4 2 1 4 9 1 |
| 21 | 6 3 2 1 2 12 |
| 22 | 6 3 1 1 1 9 |
| 23 | 6 2 1 2 1 5 |
| 24 | 5 2 1 1 5 7 |
| 25 | 6 2 5 1 9 |
| 26 | 7 3 1 14 |
| 27 | 8 4 2 1 7 1 |
| 28 | 6 4 1 2 7 1 |
| 29 | 8 2 2 1 7 1 |
| 30 | 5 1 1 1 2 5 1 |
| 31 | 2 2 1 1 1 |
| 32 | 2 6 3 |
| 33 | 10 2 |
| 34 | 8 |
| 35 | 8 |

Row clues (top to bottom, read left to right):

| Row | Clues |
|---|---|
| 1 | 6 |
| 2 | 10 |
| 3 | 12 |
| 4 | 14 |
| 5 | 14 |
| 6 | 3 3 6 |
| 7 | 6 3 5 |
| 8 | 3 4 1 2 2 1 2 |
| 9 | 2 3 1 2 2 1 1 |
| 10 | 1 3 2 1 |
| 11 | 2 1 3 1 |
| 12 | 3 4 2 3 |
| 13 | 3 5 2 3 6 |
| 14 | 5 2 1 8 2 |
| 15 | 1 2 3 2 |
| 16 | 1 2 1 1 1 |
| 17 | 14 3 4 1 4 3 |
| 18 | 14 2 1 5 3 |
| 19 | 14 2 1 1 3 |
| 20 | 14 2 2 1 4 |
| 21 | 9 1 2 4 8 |
| 22 | 6 1 2 5 5 |
| 23 | 7 4 2 1 4 |
| 24 | 7 3 10 4 |
| 25 | 6 14 3 |
| 26 | 5 2 13 |
| 27 | 2 1 12 |
| 28 | 2 2 12 |
| 29 | 1 2 6 7 |
| 30 | 1 2 2 6 7 |
| 31 | 1 4 2 6 6 |
| 32 | 1 1 5 6 6 |
| 33 | 1 1 2 3 1 1 3 |
| 34 | 1 2 1 1 1 2 |
| 35 | 5 7 8 |

# B70 아무리 애써도 보람이 없는 일을 말해요

난이도 ★★☆☆☆

35×35

| 열 | 세로 힌트 |
|---|---|
| 1 | 24 5 |
| 2 | 24 1 3 |
| 3 | 24 2 1 |
| 4 | 24 1 1 1 |
| 5 | 24 2 3 |
| 6 | 24 3 4 |
| 7 | 4 10 2 1 2 |
| 8 | 13 7 1 2 |
| 9 | 7 3 5 1 |
| 10 | 6 3 3 5 |
| 11 | 5 6 2 2 |
| 12 | 5 2 2 1 3 |
| 13 | 3 2 2 2 1 3 |
| 14 | 4 2 3 4 2 3 |
| 15 | 4 2 3 7 4 |
| 16 | 3 2 4 1 6 |
| 17 | 4 2 1 2 3 4 2 |
| 18 | 1 2 2 1 2 1 1 1 2 |
| 19 | 4 2 1 2 3 3 2 |
| 20 | 4 2 1 2 3 3 |
| 21 | 3 7 1 2 1 |
| 22 | 2 4 2 3 |
| 23 | 1 2 2 5 |
| 24 | 1 6 8 |
| 25 | 2 2 3 10 |
| 26 | 1 3 2 17 |
| 27 | 1 5 15 7 2 |
| 28 | 2 1 2 15 6 1 |
| 29 | 3 19 4 2 |
| 30 | 2 3 14 2 2 |
| 31 | 3 13 2 1 |
| 32 | 4 5 8 1 2 1 |
| 33 | 5 7 2 2 3 |
| 34 | 6 17 2 3 |
| 35 | 5 18 2 2 |

| 행 | 가로 힌트 |
|---|---|
| 1 | 12 10 1 2 |
| 2 | 17 4 4 3 |
| 3 | 21 3 1 5 |
| 4 | 15 4 2 9 |
| 5 | 6 5 1 2 7 |
| 6 | 10 10 3 3 |
| 7 | 9 12 6 1 |
| 8 | 8 3 1 1 4 4 |
| 9 | 8 2 6 1 2 4 |
| 10 | 8 7 1 7 4 |
| 11 | 8 19 4 |
| 12 | 8 2 12 4 4 |
| 13 | 8 1 4 3 |
| 14 | 7 2 5 3 |
| 15 | 7 1 6 2 |
| 16 | 6 2 7 2 |
| 17 | 6 1 7 2 |
| 18 | 6 1 7 2 |
| 19 | 6 1 7 2 |
| 20 | 6 1 1 2 7 2 |
| 21 | 6 1 2 1 7 2 |
| 22 | 6 2 2 3 7 2 |
| 23 | 7 1 2 1 6 3 |
| 24 | 7 1 4 7 3 |
| 25 | 2 1 1 2 3 |
| 26 | 5 1 1 5 3 |
| 27 | 2 6 3 7 2 |
| 28 | 4 2 4 1 8 2 |
| 29 | 3 3 4 7 2 1 |
| 30 | 1 3 4 7 2 |
| 31 | 2 2 5 7 1 |
| 32 | 4 1 5 7 5 |
| 33 | 2 2 2 11 2 1 |
| 34 | 1 2 4 3 2 |
| 35 | 2 1 2 1 1 |

# B71 옛날 옛적에~

난이도 ★★☆☆☆

35×35

**Column clues** (top to bottom)

| Column | Clue |
|---|---|
| 1 | 6 2 6 4 |
| 2 | 2 2 2 4 4 1 |
| 3 | 1 1 2 4 5 2 |
| 4 | 1 1 2 4 5 4 |
| 5 | 1 1 2 10 6 |
| 6 | 2 2 2 3 7 2 |
| 7 | 6 3 3 2 1 |
| 8 | 4 2 1 5 3 2 2 |
| 9 | 4 3 3 3 1 2 2 3 |
| 10 | 4 4 3 1 5 7 |
| 11 | 4 4 2 1 1 3 1 1 4 |
| 12 | 4 2 3 1 1 1 1 5 |
| 13 | 2 2 1 1 2 1 |
| 14 | 1 2 5 4 1 2 3 1 |
| 15 | 1 2 3 2 2 1 5 1 4 |
| 16 | 1 4 2 1 3 1 3 3 4 |
| 17 | 2 4 4 6 2 1 1 2 |
| 18 | 4 2 1 6 2 2 2 1 1 |
| 19 | 4 4 3 4 2 1 4 |
| 20 | 4 6 4 1 4 |
| 21 | 4 2 3 2 2 3 |
| 22 | 4 3 3 2 2 1 2 |
| 23 | 4 2 1 3 2 1 1 |
| 24 | 4 4 2 1 3 2 1 |
| 25 | 4 1 2 1 1 1 4 |
| 26 | 5 2 1 1 1 2 2 |
| 27 | 4 3 1 1 1 1 2 2 |
| 28 | 1 2 6 2 2 2 1 2 2 2 |
| 29 | 1 5 2 2 2 2 2 2 2 |
| 30 | 1 2 2 2 2 2 2 2 3 |
| 31 | 1 2 2 3 2 2 2 3 3 |
| 32 | 2 6 2 2 2 6 |
| 33 | 5 7 3 2 7 |
| 34 | 5 17 |
| 35 | 5 8 |

**Row clues** (left to right)

| Row | Clue |
|---|---|
| 1 | 16 9 8 |
| 2 | 2 8 9 4 |
| 3 | 1 6 18 3 |
| 4 | 1 6 18 3 |
| 5 | 1 1 1 2 1 3 |
| 6 | 2 2 3 4 3 4 |
| 7 | 5 4 1 3 3 1 4 |
| 8 | 5 4 1 1 3 1 2 |
| 9 | 2 2 2 1 10 1 1 |
| 10 | 7 1 3 1 1 |
| 11 | 9 1 2 1 2 2 2 |
| 12 | 3 2 8 1 3 |
| 13 | 2 9 2 4 |
| 14 | 10 4 1 |
| 15 | 4 3 1 3 2 |
| 16 | 3 2 4 2 3 |
| 17 | 5 7 2 6 |
| 18 | 6 1 1 4 4 1 |
| 19 | 6 5 1 4 3 2 |
| 20 | 2 1 1 2 7 5 |
| 21 | 1 1 5 5 2 7 |
| 22 | 1 2 2 4 3 1 3 2 |
| 23 | 5 2 4 2 1 4 |
| 24 | 7 1 3 1 7 |
| 25 | 6 1 1 4 2 |
| 26 | 4 1 2 3 |
| 27 | 1 1 2 4 1 8 |
| 28 | 1 4 1 5 10 |
| 29 | 12 3 5 |
| 30 | 4 3 5 3 |
| 31 | 2 5 9 |
| 32 | 2 12 4 4 |
| 33 | 7 3 3 8 |
| 34 | 5 3 4 5 |
| 35 | 14 |

# B72 부드럽게 문질러요

난이도 ★★☆☆☆

35×35

Column clues:

| | | | | | | | | | | | | | | | | | | | | | | | | | | | | | | | | | | |
|---|---|---|---|---|---|---|---|---|---|---|---|---|---|---|---|---|---|---|---|---|---|---|---|---|---|---|---|---|---|---|---|---|---|---|
| | | | | | | | 5 | | | | | | | | | 3 | | 3 | | | | | | | | | | | | | | | | |
| | | | | | | | 4 | 4 | 2 | | | | | | | 1 | 2 | 2 | 3 | | 5 | 4 | | | 3 | | | | | | | | | |
| | 6 | 6 | 9 | 3 | 4 | 5 | 3 | 4 | 4 | | | | | | 2 | 1 | 1 | 3 | 1 | 4 | 2 | 1 | | 2 | 2 | | | | | | | | | |
| | 4 | 5 | 1 | 2 | 2 | 2 | 4 | 3 | 3 | 5 | | | | 4 | 4 | 1 | 3 | 1 | 2 | 3 | 1 | 1 | 7 | 1 | 1 | 4 | | | | | | | | |
| | 6 | 5 | 8 | 2 | 3 | 3 | 2 | 3 | 3 | 1 | 4 | 4 | | 1 | 2 | 8 | 2 | 3 | 10 | 5 | 2 | 7 | 1 | 1 | 3 | 2 | 3 | 1 | | | | | | |
| 5 | 2 | 1 | 1 | 10 | 7 | 5 | 2 | 2 | 1 | 3 | 3 | 1 | 3 | 1 | 1 | 1 | 3 | 1 | 1 | 1 | 2 | 2 | 6 | 3 | 1 | 7 | 2 | 3 | | | | | | |
| 4 | 2 | 1 | 2 | 2 | 4 | 3 | 2 | 2 | 2 | 5 | 5 | 2 | 2 | 2 | 2 | 1 | 1 | 1 | 2 | 1 | 1 | 1 | 1 | 6 | 5 | 1 | 2 | 2 | 5 | | | | | |
| 12 | 1 | 1 | 1 | 1 | 3 | 2 | 1 | 1 | 1 | 1 | 2 | 3 | 4 | 2 | 2 | 2 | 2 | 2 | 2 | 2 | 2 | 2 | 2 | 2 | 2 | 5 | 4 | 3 | 2 | 6 | 2 | 1 | 1 | 1 |

Row clues:

| | | | | | | | |
|---|---|---|---|---|---|---|---|
| | | | | | | 4 | 7 |
| | | | | | 5 | 9 | 2 |
| | | | | | 4 | 3 | 10 |
| | | | | 2 | 4 | 1 | 8 |
| | 3 | 4 | 3 | 2 | 1 | 1 | 3 |
| | | | 3 | 1 | 2 | 1 | 1 |
| | | | | | 5 | 2 | 3 |
| | | | 4 | 4 | 1 | 2 | 3 |
| | | | 3 | 6 | 5 | 1 | 2 |
| | | | | 2 | 8 | 4 | 2 |
| | | | | 3 | 6 | 2 | 2 |
| | | 2 | 3 | 1 | 1 | 1 | 1 |
| 1 | 1 | 1 | 2 | 1 | 1 | 1 | 2 |
| | 2 | 1 | 1 | 1 | 1 | 1 | 1 |
| | | 4 | 5 | 1 | 1 | 5 | 1 |
| | | 3 | 7 | 4 | 1 | 1 | 1 |
| | 2 | 6 | 2 | 2 | 1 | 1 | 2 |
| | | | 2 | 1 | 4 | 2 | 1 |
| | | 2 | 4 | 1 | 3 | 1 | 1 |
| | | 1 | 8 | 2 | 3 | 2 | 1 |
| | | 1 | 9 | 3 | 3 | 2 | 4 |
| | | | 7 | 3 | 1 | 3 | 10 |
| | | | | 6 | 7 | 3 | 4 |
| | | | | 6 | 1 | 5 | 1 |
| | | | 1 | 4 | 1 | 1 | 2 |
| | | | 1 | 3 | 1 | 1 | 2 |
| | | | 1 | 3 | 2 | 4 | 1 |
| | | | | | 1 | 9 | 2 |
| | | | | | 7 | 2 | 2 |
| | | | 2 | 3 | 1 | 1 | 7 |
| | | | | 1 | 4 | 6 | 2 |
| | | | 2 | 2 | 2 | 2 | 3 |
| | | | | | 6 | 2 | 3 |
| | | | | | 1 | 2 | 18 |
| | | | | | | | 29 |

# B73 암행어사 출두요~

난이도 ★★☆☆☆

35×35

| Column | Clues (top to bottom) |
|---|---|
| 1 | 10 |
| 2 | 4 3 |
| 3 | 3 7 3 |
| 4 | 2 4 4 2 |
| 5 | 2 3 3 2 |
| 6 | 2 2 2 3 3 2 2 |
| 7 | 2 2 6 3 1 2 2 |
| 8 | 1 2 3 2 2 1 5 1 |
| 9 | 2 3 1 1 2 5 1 2 |
| 10 | 1 3 1 2 1 8 1 1 |
| 11 | 3 1 1 2 3 2 2 2 3 2 |
| 12 | 3 1 1 3 1 2 1 4 1 |
| 13 | 2 1 4 2 2 2 1 2 1 2 |
| 14 | 1 1 1 3 2 3 2 2 1 2 |
| 15 | 1 1 1 3 2 2 1 4 2 1 |
| 16 | 1 2 1 2 1 1 1 1 1 1 |
| 17 | 1 2 1 1 1 1 1 1 1 1 |
| 18 | 1 2 1 2 2 1 1 2 1 1 |
| 19 | 1 2 1 2 1 2 2 1 2 1 1 |
| 20 | 1 1 1 1 1 1 1 4 1 1 |
| 21 | 2 1 1 1 1 1 1 4 2 1 |
| 22 | 2 1 1 2 1 1 2 5 1 2 |
| 23 | 3 2 2 2 2 1 1 2 1 2 |
| 24 | 5 1 14 1 2 1 2 |
| 25 | 2 2 2 3 2 2 2 4 3 2 |
| 26 | 3 2 4 2 3 3 2 2 2 |
| 27 | 3 2 3 2 3 3 2 2 3 |
| 28 | 3 2 3 2 2 2 4 3 |
| 29 | 3 2 5 2 2 2 3 |
| 30 | 3 3 4 2 2 3 4 |
| 31 | 4 3 3 4 4 |
| 32 | 4 4 8 5 |
| 33 | 5 5 6 |
| 34 | 5 16 |
| 35 | 4 11 |

| Row | Clues (left to right) |
|---|---|
| 1 | 10 4 3 |
| 2 | 2 9 5 |
| 3 | 2 4 2 10 |
| 4 | 15 8 |
| 5 | 3 3 5 |
| 6 | 3 11 3 |
| 7 | 2 4 3 4 |
| 8 | 2 3 2 2 3 |
| 9 | 2 8 3 3 |
| 10 | 2 2 1 2 5 5 3 |
| 11 | 1 2 1 2 5 9 2 |
| 12 | 2 1 5 2 3 2 3 |
| 13 | 1 2 2 3 1 6 2 |
| 14 | 1 1 1 2 3 14 3 |
| 15 | 2 1 6 4 3 2 2 |
| 16 | 1 2 3 4 1 5 1 2 |
| 17 | 1 1 1 3 12 1 2 |
| 18 | 1 1 2 1 2 6 5 1 2 |
| 19 | 1 1 1 6 1 1 2 |
| 20 | 1 1 3 2 4 1 5 1 2 |
| 21 | 1 1 1 1 6 9 1 2 |
| 22 | 1 2 2 2 4 2 2 |
| 23 | 1 1 1 2 1 1 3 |
| 24 | 2 1 7 1 2 1 3 |
| 25 | 1 2 3 1 2 1 2 2 |
| 26 | 2 1 3 2 3 4 1 3 |
| 27 | 1 2 3 18 3 |
| 28 | 2 3 1 1 5 2 3 |
| 29 | 2 2 4 5 2 3 |
| 30 | 2 2 3 6 4 |
| 31 | 2 3 2 4 |
| 32 | 3 3 4 4 |
| 33 | 3 7 4 |
| 34 | 4 6 |
| 35 | 12 |

# B74 귀를 따뜻하게 덮어요

난이도 ★★½☆☆

35×35

Column clues (top to bottom):

| Column | Clues |
|---|---|
| 1 | 3 2 20 |
| 2 | 2 2 4 20 |
| 3 | 1 1 4 20 |
| 4 | 2 2 2 20 |
| 5 | 3 2 13 |
| 6 | 2 7 7 |
| 7 | 2 2 3 4 |
| 8 | 3 8 3 2 |
| 9 | 3 3 2 5 5 |
| 10 | 2 2 6 6 7 |
| 11 | 2 4 3 2 |
| 12 | 2 13 1 |
| 13 | 2 9 2 3 |
| 14 | 2 5 1 1 2 5 |
| 15 | 1 4 1 3 2 2 2 |
| 16 | 1 6 1 3 2 5 2 |
| 17 | 1 7 1 2 3 6 |
| 18 | 1 8 3 2 2 2 3 |
| 19 | 1 5 2 1 2 2 2 3 |
| 20 | 1 6 2 2 2 3 |
| 21 | 1 7 1 2 1 1 2 |
| 22 | 1 7 3 2 4 2 |
| 23 | 2 7 3 1 1 6 |
| 24 | 1 7 1 2 2 |
| 25 | 2 7 3 1 4 |
| 26 | 1 12 2 9 |
| 27 | 2 5 2 12 1 |
| 28 | 2 3 2 11 1 1 1 |
| 29 | 2 6 6 3 1 |
| 30 | 2 3 1 4 4 1 1 |
| 31 | 2 6 3 1 1 2 2 |
| 32 | 3 8 3 1 5 |
| 33 | 2 2 4 5 3 |
| 34 | 2 2 2 9 4 |
| 35 | 3 2 20 |

Row clues (left to right):

| Row | Clues |
|---|---|
| 1 | 3 4 11 2 |
| 2 | 2 2 4 3 3 2 |
| 3 | 1 1 2 2 6 3 2 |
| 4 | 2 2 2 12 2 4 |
| 5 | 3 2 15 2 1 1 |
| 6 | 2 1 16 2 4 |
| 7 | 2 2 18 1 2 |
| 8 | 1 5 3 9 2 |
| 9 | 2 2 4 3 9 1 2 |
| 10 | 4 3 7 2 6 1 2 2 |
| 11 | 4 1 1 1 2 2 1 2 |
| 12 | 2 1 1 1 6 4 1 2 3 |
| 13 | 1 3 1 2 1 2 1 2 3 |
| 14 | 1 2 1 2 1 2 1 2 2 |
| 15 | 1 1 2 1 2 |
| 16 | 4 2 2 1 1 3 2 2 |
| 17 | 5 7 6 1 6 2 |
| 18 | 5 5 2 4 2 4 3 |
| 19 | 6 3 3 3 3 4 |
| 20 | 7 2 8 8 |
| 21 | 10 5 3 4 |
| 22 | 8 2 2 4 3 |
| 23 | 7 3 2 5 2 |
| 24 | 6 3 3 2 2 |
| 25 | 6 1 2 3 2 1 1 |
| 26 | 5 1 1 2 1 2 3 1 |
| 27 | 5 1 1 2 2 3 1 1 |
| 28 | 5 1 2 2 1 2 2 1 |
| 29 | 5 1 3 1 2 1 1 |
| 30 | 4 1 2 1 6 1 |
| 31 | 4 2 1 1 2 2 1 |
| 32 | 4 1 1 3 4 1 2 |
| 33 | 4 1 6 2 4 |
| 34 | 4 1 3 2 5 |
| 35 | 4 1 3 11 |

# B75 손으로 톡톡 치며 놀아요

난이도 ★★½☆☆

35×35

| Column | Clues |
|---|---|
| 1 | 8 9 |
| 2 | 8 4 1 3 |
| 3 | 8 4 1 2 |
| 4 | 8 2 1 5 1 |
| 5 | 8 3 1 1 3 |
| 6 | 8 1 1 1 4 1 |
| 7 | 8 1 1 1 1 1 1 4 |
| 8 | 8 1 1 1 3 2 1 |
| 9 | 6 1 1 2 3 6 |
| 10 | 1 6 2 3 2 2 |
| 11 | 6 2 3 2 8 |
| 12 | 1 4 2 3 1 4 |
| 13 | 2 2 1 1 6 2 4 |
| 14 | 3 3 4 4 5 |
| 15 | 4 3 2 2 1 2 |
| 16 | 4 1 1 2 2 2 2 |
| 17 | 4 4 7 2 |
| 18 | 4 2 3 2 |
| 19 | 4 1 2 3 |
| 20 | 3 3 2 6 |
| 21 | 2 1 3 1 6 3 |
| 22 | 1 3 1 1 4 2 3 |
| 23 | 6 1 1 2 1 3 |
| 24 | 5 1 3 2 1 3 |
| 25 | 1 2 3 2 2 1 3 |
| 26 | 5 4 1 2 1 1 3 |
| 27 | 6 1 1 2 1 1 3 |
| 28 | 7 8 1 3 |
| 29 | 7 2 2 3 |
| 30 | 7 2 2 4 |
| 31 | 7 1 4 3 7 |
| 32 | 7 1 7 9 4 |
| 33 | 7 1 2 2 2 4 |
| 34 | 7 2 1 3 2 4 |
| 35 | 7 4 6 4 |

| Row | Clues |
|---|---|
| 1 | 10 12 11 |
| 2 | 9 1 9 2 10 |
| 3 | 9 2 7 3 10 |
| 4 | 9 3 5 3 10 |
| 5 | 9 3 4 10 |
| 6 | 9 2 3 9 |
| 7 | 8 2 2 8 |
| 8 | 8 1 4 4 1 |
| 9 | 1 2 2 1 5 |
| 10 | 4 2 2 5 2 2 |
| 11 | 2 2 1 2 1 |
| 12 | 6 1 1 1 5 1 |
| 13 | 13 1 2 1 |
| 14 | 1 4 2 1 4 |
| 15 | 1 2 1 2 |
| 16 | 2 3 2 |
| 17 | 2 2 2 |
| 18 | 2 2 1 |
| 19 | 3 2 2 |
| 20 | 1 1 2 2 |
| 21 | 2 2 1 1 |
| 22 | 2 1 2 2 |
| 23 | 5 2 1 1 5 1 1 |
| 24 | 2 6 4 1 1 |
| 25 | 6 3 3 2 1 1 |
| 26 | 2 4 1 2 1 1 |
| 27 | 10 1 1 1 2 |
| 28 | 3 3 1 1 3 |
| 29 | 2 5 1 1 1 3 |
| 30 | 1 2 1 4 2 3 2 |
| 31 | 2 1 1 3 3 8 1 |
| 32 | 1 1 2 1 4 1 6 |
| 33 | 2 2 1 1 4 17 |
| 34 | 3 1 1 27 |
| 35 | 35 |

# B76 전기를 다룰 땐 항상 조심해야 해요

난이도 ★★☆☆☆

35×35

| | | | | | | | | | | | | | | | | | | | | | | | | | | | | | | | | | | |
|---|---|---|---|---|---|---|---|---|---|---|---|---|---|---|---|---|---|---|---|---|---|---|---|---|---|---|---|---|---|---|---|---|---|---|
| | | | | | 2 | 3 | | 4 | | | | | | | | | | 1 | 2 | | | | 1 | | | | | | | | | 4 | | |
| | | | | 9 | 6 | 4 | | 1 | | | | | | | | 1 | 4 | 4 | 4 | | | | 6 | | | | | | | | | 2 | | |
| | | 17 | 17 | 4 | 4 | 3 | 3 | 1 | 4 | 4 | | 1 | | | 2 | 6 | 4 | 1 | 1 | 3 | 3 | 2 | 1 | 5 | 2 | 4 | | 2 | 1 | | | 1 | 3 | |
| | | 1 | 1 | 2 | 2 | 1 | 2 | 4 | 1 | 1 | 1 | 3 | 2 | 2 | 9 | 2 | 1 | 4 | 1 | 3 | 3 | 4 | 4 | 1 | 6 | 3 | 3 | 9 | 9 | 3 | 5 | 1 | 4 | 2 |
| | | 1 | 1 | 1 | 1 | 2 | 3 | 2 | 2 | 2 | 2 | 1 | 9 | 14 | 2 | 2 | 1 | 3 | 3 | 2 | 1 | 2 | 1 | 4 | 1 | 2 | 6 | 3 | 2 | 8 | 3 | 1 | 2 | 6 |
| | 17 | 1 | 1 | 5 | 3 | 3 | 2 | 2 | 2 | 1 | 2 | 1 | 1 | 1 | 3 | 4 | 2 | 1 | 1 | 4 | 1 | 3 | 1 | 2 | 1 | 2 | 3 | 1 | 1 | 1 | 1 | 2 | 1 | 4 |
| 17 | 1 | 4 | 2 | 1 | 3 | 2 | 4 | 1 | 5 | 2 | 5 | 2 | 1 | 1 | 1 | 1 | 2 | 9 | 1 | 1 | 1 | 1 | 2 | 1 | 1 | 1 | 1 | 2 | 6 | 1 | 1 | 1 | 9 | 3 |
| 14 | 6 | 1 | 2 | 2 | 3 | 2 | 5 | 1 | 2 | 1 | 1 | 2 | 1 | 2 | 2 | 1 | 1 | 1 | 3 | 3 | 3 | 3 | 3 | 3 | 3 | 3 | 3 | 5 | 2 | 2 | 3 | 1 | 2 | 5 |

| | | | | | | | | |
|---|---|---|---|---|---|---|---|---|
| | | | | | 10 | 6 | 6 | 10 |
| | | | | 11 | 3 | 4 | 4 | 5 |
| | | | 5 | 5 | 2 | 1 | 2 | 4 |
| | | | 6 | 4 | 1 | 2 | 1 | 2 |
| | | 7 | 2 | 2 | 2 | 4 | 1 | 1 |
| | | | | 7 | 1 | 11 | 3 | 1 |
| | | | | | | 8 | 17 | 2 |
| | | | | | 9 | 1 | 17 | 3 |
| | | | | | 6 | 7 | 6 | 3 |
| | | | 4 | 5 | 2 | 3 | 4 | 2 |
| | | | | | 6 | 4 | 5 | 1 |
| | | | | 8 | 3 | 3 | 3 | 5 |
| | 10 | 3 | 3 | 1 | 3 | 1 | 4 | 1 |
| 8 | 2 | 3 | 1 | 3 | 1 | 1 | 1 | 3 |
| | | | 4 | 1 | 3 | 3 | 1 | 2 |
| | | | | 6 | 1 | 2 | 2 | 1 |
| | | | | | 9 | 1 | 7 | 2 |
| 3 | 1 | 1 | 1 | 1 | 1 | 1 | 1 | 1 |
| | | | | 3 | 1 | 9 | 2 | 3 |
| | | | | | 4 | 2 | 2 | 1 |
| | | | | | | 2 | 3 | 10 |
| | | | | | 6 | 2 | 8 | 2 |
| | | | | | 1 | 5 | 1 | 1 |
| | | | | 1 | 3 | 2 | 2 | 1 |
| | 1 | 3 | 2 | 2 | 1 | 1 | 3 | 1 |
| | | 1 | 1 | 2 | 5 | 1 | 2 | 1 |
| | | 1 | 3 | 3 | 1 | 1 | 1 | 1 |
| | | | 1 | 4 | 3 | 1 | 1 | 1 |
| | | | 1 | 5 | 2 | 2 | 1 | 1 |
| | | | | | 6 | 1 | 7 | 6 |
| | | | | 4 | 2 | 1 | 2 | 1 |
| | | | | 3 | 3 | 1 | 1 | 1 |
| | | | 3 | 1 | 3 | 11 | 2 | 1 |
| | | | 2 | 4 | 1 | 2 | 13 | 2 |
| | | | | | 7 | 3 | 15 | 3 |

# B77 도와줘요!

난이도 ★★★☆☆

35×35

**Column clues (left to right, top to bottom)**

| Column | Clues |
|---|---|
| 1 | 8 8 11 3 |
| 2 | 8 6 14 3 |
| 3 | 1 6 5 13 |
| 4 | 2 5 3 12 3 |
| 5 | 2 3 1 10 6 |
| 6 | 3 2 10 6 |
| 7 | 3 8 7 |
| 8 | 4 8 5 |
| 9 | 4 7 5 |
| 10 | 5 6 2 2 3 |
| 11 | 3 6 3 1 3 |
| 12 | 1 8 2 2 3 |
| 13 | 2 2 7 2 3 |
| 14 | 2 2 5 4 2 |
| 15 | 3 2 7 5 |
| 16 | 4 2 1 4 5 2 |
| 17 | 5 2 3 3 5 2 |
| 18 | 2 2 1 6 2 4 2 |
| 19 | 2 4 1 4 2 |
| 20 | 5 3 5 1 2 1 |
| 21 | 10 2 8 1 1 |
| 22 | 8 3 3 3 1 |
| 23 | 4 1 2 3 2 1 2 |
| 24 | 6 1 3 2 1 2 |
| 25 | 6 2 2 6 3 2 |
| 26 | 2 1 2 3 8 1 |
| 27 | 6 3 1 |
| 28 | 2 4 5 |
| 29 | 2 2 5 |
| 30 | 2 2 5 |
| 31 | 5 2 5 |
| 32 | 8 2 |
| 33 | 6 6 |
| 34 | 4 6 |
| 35 | 3 6 |

**Row clues (top to bottom)**

| Row | Clues |
|---|---|
| 1 | 10 7 4 |
| 2 | 2 7 6 3 5 |
| 3 | 2 6 3 6 5 |
| 4 | 3 4 2 8 5 |
| 5 | 4 2 1 6 1 5 |
| 6 | 4 3 6 3 |
| 7 | 5 6 2 1 |
| 8 | 6 3 1 2 |
| 9 | 4 3 2 2 |
| 10 | 1 10 2 |
| 11 | 2 8 1 2 |
| 12 | 3 4 2 1 |
| 13 | 4 3 1 |
| 14 | 5 4 4 2 |
| 15 | 4 5 2 5 1 |
| 16 | 3 7 3 4 2 |
| 17 | 1 9 1 2 1 |
| 18 | 14 1 2 |
| 19 | 10 7 1 |
| 20 | 9 8 2 |
| 21 | 8 13 |
| 22 | 8 4 6 1 |
| 23 | 7 1 4 2 |
| 24 | 6 2 2 1 |
| 25 | 6 2 4 1 |
| 26 | 5 1 2 1 1 |
| 27 | 4 2 2 2 1 |
| 28 | 4 3 8 1 |
| 29 | 3 3 7 1 1 |
| 30 | 2 6 8 2 3 |
| 31 | 1 9 3 3 1 4 3 |
| 32 | 6 2 6 4 3 |
| 33 | 2 4 4 4 3 |
| 34 | 2 3 5 4 3 8 |
| 35 | 2 3 5 6 13 |

# B78 강력한 위력을 가진 무기예요

난이도 ★★★☆☆

35×35

| | | | | | | | | | | | | | | | | | | | | | | | | | | | | | | | | | | |
|---|---|---|---|---|---|---|---|---|---|---|---|---|---|---|---|---|---|---|---|---|---|---|---|---|---|---|---|---|---|---|---|---|---|---|
| | | | | | | | | | | 2 | 2 | | | | | | | | | | | | | | | | | | | | | | | |
| | | | | | | | | | | 1 | 1 | | | | | | | | | | | | 2 | 2 | | | | | | | | | | |
| | | | | | | 3 | 2 | | 2 | 2 | 2 | | | 1 | | | | | | | | 1 | 1 | 1 | 2 | | 1 | 3 | | | | | | |
| | | | 4 | | 2 | 1 | 1 | 2 | 1 | 2 | 2 | 1 | | 1 | | 1 | | 1 | | 1 | | 1 | 2 | 3 | 1 | 2 | 1 | 1 | 3 | 3 | 3 | | | |
| | | | 2 | 3 | 2 | 2 | 1 | 2 | 3 | 3 | 2 | 1 | 1 | 2 | 1 | 1 | | 1 | 1 | 1 | 1 | 1 | 4 | 2 | 2 | 2 | 1 | 2 | 1 | 2 | 2 | 4 | | |
| 2 | 5 | 4 | 2 | 1 | 1 | 2 | 4 | 1 | 2 | 2 | 3 | 1 | 2 | 2 | 1 | 1 | 1 | 1 | 1 | 2 | 2 | 6 | 4 | 8 | 3 | 1 | 2 | 2 | 2 | 3 | 4 | 5 | 1 | |
| 5 | 3 | 5 | 2 | 4 | 1 | 4 | 2 | 4 | 1 | 2 | 1 | 4 | 1 | 3 | 1 | 3 | 1 | 1 | 1 | 5 | 1 | 4 | 1 | 2 | 3 | 1 | 2 | 3 | 1 | 5 | 4 | 6 | 3 | |
| 2 | 5 | 7 | 3 | 2 | 3 | 1 | 1 | 2 | 1 | 2 | 2 | 5 | 5 | 1 | 1 | 1 | 1 | 1 | 1 | 1 | 2 | 3 | 2 | 2 | 1 | 1 | 2 | 1 | 5 | 2 | 2 | 2 | 3 | 8 |
| 2 | 2 | 1 | 2 | 2 | 2 | 1 | 3 | 3 | 2 | 1 | 1 | 3 | 3 | 1 | 5 | 1 | 10 | 1 | 7 | 1 | 6 | 1 | 1 | 1 | 2 | 3 | 3 | 1 | 2 | 4 | 2 | 1 | 1 | 1 |
| 2 | 5 | 4 | 4 | 2 | 4 | 2 | 4 | 2 | 2 | 2 | 2 | 1 | 8 | 1 | 8 | 2 | 8 | 2 | 8 | 1 | 8 | 2 | 2 | 2 | 1 | 2 | 4 | 2 | 4 | 1 | 3 | 3 | 6 | 2 |

| |
|---|
| 5 21 7 |
| 12 10 1 |
| 6 9 7 |
| 4 6 6 3 |
| 2 4 5 2 |
| 1 4 7 3 1 |
| 4 4 4 4 |
| 3 6 7 3 |
| 6 2 2 6 |
| 3 1 1 3 |
| 1 3 |
| 3 2 |
| 2 1 |
| 2 1 1 1 |
| 2 3 3 1 |
| 2 3 4 2 |
| 2 1 14 3 |
| 3 3 4 2 1 10 |
| 3 5 1 2 1 1 2 5 |
| 8 2 1 2 1 1 2 |
| 4 2 1 1 1 1 2 3 |
| 2 2 2 1 1 1 3 3 |
| 3 3 1 1 1 8 |
| 3 4 2 1 1 1 5 3 |
| 2 2 2 1 1 1 2 3 2 |
| 1 5 15 2 3 |
| 1 3 3 1 |
| 2 11 2 |
| 1 4 1 1 1 4 1 |
| 2 4 1 1 1 4 2 4 |
| 3 2 1 1 1 1 1 2 2 1 |
| 4 3 5 1 1 1 5 4 2 |
| 3 1 1 1 1 1 1 1 1 5 |
| 8 3 1 5 4 3 4 |
| 2 5 3 13 5 2 |

# C79 나이스 샷!

난이도 ★★☆☆☆

30×40

| 열 | 힌트 |
|---|---|
| 1 | 3 4 1 14 |
| 2 | 3 6 2 14 |
| 3 | 3 2 4 1 14 |
| 4 | 3 2 2 1 6 6 |
| 5 | 2 2 2 6 6 |
| 6 | 2 2 1 5 5 |
| 7 | 2 2 2 4 5 |
| 8 | 2 4 2 1 4 5 |
| 9 | 3 9 1 4 4 |
| 10 | 2 2 3 3 2 4 4 |
| 11 | 1 2 2 4 1 7 7 |
| 12 | 1 3 1 1 1 13 2 |
| 13 | 1 2 2 3 7 1 |
| 14 | 1 2 1 1 2 7 5 3 |
| 15 | 2 2 2 3 7 11 |
| 16 | 7 2 1 11 6 1 |
| 17 | 1 2 5 13 5 1 |
| 18 | 2 3 8 7 1 |
| 19 | 12 3 7 1 |
| 20 | 3 4 3 9 3 |
| 21 | 1 2 3 2 19 |
| 22 | 5 4 1 8 4 |
| 23 | 1 1 4 2 1 4 4 |
| 24 | 4 5 1 2 4 4 |
| 25 | 14 3 5 4 |
| 26 | 4 6 1 5 4 |
| 27 | 4 7 2 6 4 1 |
| 28 | 4 2 3 2 6 7 |
| 29 | 5 4 2 6 7 |
| 30 | 5 3 2 6 6 |

| 행 | 힌트 |
|---|---|
| 1 | 21 8 |
| 2 | 10 2 3 7 |
| 3 | 4 1 2 1 3 7 |
| 4 | 1 7 1 2 7 |
| 5 | 1 3 3 1 1 1 2 |
| 6 | 3 1 1 1 2 1 1 |
| 7 | 2 2 5 1 2 |
| 8 | 2 3 5 4 1 |
| 9 | 5 5 3 2 |
| 10 | 4 4 7 |
| 11 | 3 4 1 8 |
| 12 | 2 1 3 1 11 |
| 13 | 3 1 2 3 8 |
| 14 | 3 2 1 1 4 |
| 15 | 2 3 1 |
| 16 | 2 2 1 |
| 17 | 3 1 2 |
| 18 | 4 2 1 |
| 19 | 4 1 4 |
| 20 | 2 4 12 2 |
| 21 | 3 12 3 4 |
| 22 | 4 11 4 |
| 23 | 2 12 2 |
| 24 | 14 |
| 25 | 5 12 4 |
| 26 | 18 10 |
| 27 | 12 2 10 |
| 28 | 12 2 10 |
| 29 | 12 2 10 |
| 30 | 6 1 3 1 6 |
| 31 | 3 1 1 2 1 |
| 32 | 5 1 2 1 1 |
| 33 | 11 5 6 |
| 34 | 11 5 9 |
| 35 | 11 5 10 |
| 36 | 11 5 10 |
| 37 | 8 2 4 1 4 |
| 38 | 3 5 2 3 |
| 39 | 2 1 3 |
| 40 | 7 4 |

# C80 심박수를 알려줘요

난이도 ★★☆☆☆ (2.5/5)

30×40

**Column clues (left to right, top to bottom):**

| Column | Clues |
|---|---|
| 1 | 4 4 5 |
| 2 | 4 2 2 5 |
| 3 | 4 2 2 2 7 |
| 4 | 4 1 3 2 1 3 |
| 5 | 4 2 1 1 1 2 |
| 6 | 4 4 1 2 2 |
| 7 | 4 3 2 3 1 |
| 8 | 2 4 1 4 2 1 |
| 9 | 1 7 6 2 4 4 |
| 10 | 3 2 2 10 4 3 |
| 11 | 3 1 17 4 |
| 12 | 3 13 6 |
| 13 | 4 2 1 10 8 |
| 14 | 4 1 10 2 3 5 |
| 15 | 4 10 2 2 5 |
| 16 | 7 14 3 5 |
| 17 | 5 15 3 5 |
| 18 | 8 12 2 5 |
| 19 | 1 6 13 2 5 |
| 20 | 2 3 2 3 7 |
| 21 | 4 2 1 3 4 6 |
| 22 | 4 5 1 4 1 3 6 |
| 23 | 3 2 1 1 2 1 3 2 7 |
| 24 | 3 1 2 2 2 3 1 1 2 5 |
| 25 | 3 1 2 1 6 2 3 2 5 |
| 26 | 3 1 3 2 6 5 5 |
| 27 | 3 1 1 5 5 5 |
| 28 | 3 1 2 4 4 5 |
| 29 | 3 2 1 2 3 5 |
| 30 | 3 6 5 |

**Row clues (top to bottom, left to right):**

| Row | Clues |
|---|---|
| 1 | 9 7 12 |
| 2 | 8 9 11 |
| 3 | 7 11 10 |
| 4 | 7 2 7 2 |
| 5 | 1 4 7 |
| 6 | 2 1 1 2 2 2 |
| 7 | 3 1 1 2 1 1 1 |
| 8 | 1 3 1 3 1 1 |
| 9 | 2 3 3 5 |
| 10 | 2 2 1 1 1 |
| 11 | 4 4 2 2 |
| 12 | 3 6 3 2 |
| 13 | 4 9 3 |
| 14 | 13 2 2 |
| 15 | 2 12 2 2 |
| 16 | 2 1 14 1 1 |
| 17 | 2 19 1 1 |
| 18 | 1 2 2 11 1 3 |
| 19 | 1 4 10 5 |
| 20 | 2 1 10 2 3 |
| 21 | 2 11 1 1 |
| 22 | 2 3 9 1 1 1 |
| 23 | 4 4 2 2 2 |
| 24 | 1 1 3 |
| 25 | 1 2 |
| 26 | 2 1 1 |
| 27 | 1 2 1 |
| 28 | 1 2 2 2 |
| 29 | 2 1 6 |
| 30 | 1 3 2 4 |
| 31 | 2 2 1 4 |
| 32 | 2 1 2 5 |
| 33 | 1 2 2 2 3 |
| 34 | 6 1 2 2 |
| 35 | 1 2 2 4 |
| 36 | 3 2 19 |
| 37 | 3 2 20 |
| 38 | 4 22 |
| 39 | 6 22 |
| 40 | 30 |

# C81 미국의 국조예요

난이도 ★★☆☆☆

30×40

**Column clues (left to right, top to bottom)**

| Column | Clues |
|---|---|
| 1 | 4 9 4 |
| 2 | 3 7 8 |
| 3 | 3 3 3 5 4 |
| 4 | 3 3 2 4 7 |
| 5 | 3 2 2 2 4 5 |
| 6 | 4 2 2 2 4 6 |
| 7 | 5 2 6 10 |
| 8 | 5 1 3 1 4 3 4 |
| 9 | 6 1 2 6 3 5 |
| 10 | 6 1 3 2 4 4 |
| 11 | 5 1 3 2 5 1 2 |
| 12 | 4 3 7 3 1 |
| 13 | 4 2 1 8 4 3 |
| 14 | 4 1 1 2 7 3 3 1 |
| 15 | 5 2 2 7 4 |
| 16 | 6 3 6 1 2 |
| 17 | 9 2 3 3 |
| 18 | 6 2 1 4 1 2 |
| 19 | 3 1 2 3 4 |
| 20 | 1 3 2 2 3 4 |
| 21 | 1 1 4 6 3 4 3 |
| 22 | 1 2 4 3 1 6 4 3 |
| 23 | 1 2 5 2 2 4 2 |
| 24 | 2 5 2 2 3 2 |
| 25 | 11 7 2 |
| 26 | 2 1 6 2 |
| 27 | 1 1 8 1 |
| 28 | 1 1 7 1 |
| 29 | 2 8 1 |
| 30 | 3 6 1 |

**Row clues (top to bottom)**

| Row | Clues |
|---|---|
| 1 | 30 |
| 2 | 19 3 2 |
| 3 | 19 3 1 1 |
| 4 | 1 13 2 5 |
| 5 | 5 4 1 2 |
| 6 | 2 3 8 |
| 7 | 1 9 |
| 8 | 2 1 9 |
| 9 | 1 3 10 |
| 10 | 3 1 10 |
| 11 | 1 2 2 5 |
| 12 | 5 2 3 2 |
| 13 | 3 2 3 1 1 |
| 14 | 2 3 2 |
| 15 | 2 2 1 1 |
| 16 | 2 9 |
| 17 | 1 2 2 2 |
| 18 | 2 1 1 3 1 1 |
| 19 | 1 1 2 1 3 2 1 |
| 20 | 2 2 1 2 3 1 1 |
| 21 | 1 2 2 1 3 1 2 |
| 22 | 3 2 2 4 1 2 |
| 23 | 3 5 4 2 1 |
| 24 | 5 1 6 2 1 |
| 25 | 2 1 1 2 2 1 2 |
| 26 | 2 1 2 1 3 1 2 |
| 27 | 1 2 1 2 3 1 2 |
| 28 | 1 1 1 1 3 1 2 |
| 29 | 1 1 2 1 2 1 2 |
| 30 | 1 1 1 2 2 1 2 |
| 31 | 3 1 1 2 1 1 2 |
| 32 | 1 2 3 1 2 1 |
| 33 | 1 1 4 2 1 2 |
| 34 | 1 5 2 1 1 |
| 35 | 7 1 3 4 |
| 36 | 14 1 1 |
| 37 | 10 7 |
| 38 | 11 1 1 4 |
| 39 | 5 1 2 1 7 |
| 40 | 5 1 11 |

# C82 갈색의 얼룩점이 있어요

난이도 ★★★☆☆

30×40

Column clues (top to bottom, columns 1–30):

| Column | Clues |
|---|---|
| 1 | 3 3 3 4 2 2 4 |
| 2 | 2 1 2 2 5 4 1 2 7 |
| 3 | 1 2 2 2 6 3 2 9 |
| 4 | 1 4 2 2 7 2 3 2 4 1 |
| 5 | 2 2 1 2 3 3 1 4 4 2 |
| 6 | 2 2 3 3 3 4 4 3 |
| 7 | 4 3 2 3 5 4 3 |
| 8 | 4 2 1 3 5 5 3 |
| 9 | 1 2 4 4 5 3 |
| 10 | 4 2 2 4 3 4 2 |
| 11 | 4 1 2 7 1 4 1 |
| 12 | 2 1 2 3 3 4 |
| 13 | 2 4 2 2 6 6 |
| 14 | 2 2 3 3 3 8 4 |
| 15 | 1 6 3 2 3 3 4 |
| 16 | 1 1 7 3 3 4 2 |
| 17 | 1 2 8 4 3 2 2 |
| 18 | 4 8 3 3 3 3 |
| 19 | 3 7 4 3 3 |
| 20 | 4 5 3 2 2 |
| 21 | 4 6 4 2 4 3 1 |
| 22 | 5 5 4 4 4 |
| 23 | 5 5 1 3 2 3 2 |
| 24 | 4 2 1 3 4 4 |
| 25 | 4 1 3 2 3 4 2 3 |
| 26 | 2 8 2 3 3 3 |
| 27 | 1 4 5 3 3 3 2 |
| 28 | 1 6 5 4 2 3 5 |
| 29 | 9 4 2 4 3 3 |
| 30 | 1 5 5 2 3 3 1 |

Row clues (left to right, rows 1–40):

| Row | Clues |
|---|---|
| 1 | 3 3 6 |
| 2 | 3 3 5 1 |
| 3 | 5 5 6 5 3 |
| 4 | 2 4 5 2 5 4 |
| 5 | 1 2 1 1 2 2 4 4 |
| 6 | 4 2 2 3 5 |
| 7 | 2 3 4 5 |
| 8 | 2 2 2 4 2 |
| 9 | 2 1 3 4 1 1 |
| 10 | 2 2 2 3 4 3 |
| 11 | 1 1 1 2 2 2 4 4 |
| 12 | 2 5 3 3 4 4 |
| 13 | 8 3 3 3 3 |
| 14 | 4 1 2 3 1 2 |
| 15 | 2 5 1 |
| 16 | 5 3 5 |
| 17 | 7 4 2 3 |
| 18 | 8 4 3 |
| 19 | 4 1 2 4 8 |
| 20 | 6 1 3 1 4 6 |
| 21 | 6 1 2 3 5 4 |
| 22 | 5 2 3 6 3 |
| 23 | 3 1 3 3 6 1 |
| 24 | 5 3 5 |
| 25 | 4 3 2 4 |
| 26 | 2 4 1 4 3 1 |
| 27 | 8 1 2 4 4 2 |
| 28 | 11 5 2 3 3 |
| 29 | 1 7 4 2 3 3 |
| 30 | 3 1 2 3 2 |
| 31 | 5 1 3 3 |
| 32 | 9 2 3 2 3 2 |
| 33 | 1 6 3 3 2 2 |
| 34 | 2 7 3 2 2 2 |
| 35 | 4 6 2 1 3 |
| 36 | 4 4 1 1 1 3 1 |
| 37 | 4 1 3 2 2 2 1 |
| 38 | 4 4 4 2 1 2 |
| 39 | 2 6 3 3 2 3 |
| 40 | 1 8 2 5 4 |

# C83 고름을 이쁘게 매요

난이도 ★★☆☆☆

40×30

# C84 증기의 힘으로 달려요

난이도 ★★☆☆☆

40×30

| 열 | 단서 |
|---|---|
| 1 | 5 5 5 4 |
| 2 | 2 3 2 2 5 2 2 |
| 3 | 1 3 1 3 9 8 2 5 |
| 4 | 1 1 1 1 1 1 1 2 1 5 2 2 3 |
| 5 | 1 3 1 3 8 1 2 2 2 1 |
| 6 | 2 3 3 2 3 3 5 2 2 |
| 7 | 35 2 |
| 8 | 35 2 |
| 9 | 2 1 1 1 2 2 1 3 |
| 10 | 1 1 1 1 2 2 1 3 |
| 11 | 32 1 2 |
| 12 | 2 5 2 2 2 1 2 |
| 13 | 1 5 5 2 1 1 1 2 |
| 14 | 1 1 1 1 1 1 3 1 1 2 |
| 15 | 1 2 2 2 2 1 1 1 1 2 1 1 |
| 16 | 1 2 2 2 2 1 1 1 3 1 2 1 2 |
| 17 | 1 3 3 1 1 2 8 3 |
| 18 | 1 1 1 1 1 2 1 |
| 19 | 19 1 1 2 1 |
| 20 | 1 2 3 3 1 1 1 6 |
| 21 | 2 2 3 3 2 5 1 1 |
| 22 | 17 8 |
| 23 | 5 8 |
| 24 | 4 2 2 2 2 |
| 25 | 1 2 2 1 |
| 26 | 1 1 |
| 27 | 1 1 |
| 28 | 2 1 1 1 |
| 29 | 3 3 3 2 |
| 30 | 4 5 5 |

| 행 | 단서 |
|---|---|
| 1 | 5 2 |
| 2 | 2 7 3 |
| 3 | 1 3 2 9 2 |
| 4 | 1 1 1 2 1 1 1 |
| 5 | 1 3 2 1 4 2 1 |
| 6 | 2 6 1 3 4 |
| 7 | 7 1 1 1 1 2 |
| 8 | 2 3 1 1 3 1 1 |
| 9 | 1 3 2 1 4 2 1 |
| 10 | 1 1 1 5 4 |
| 11 | 1 3 2 1 4 4 |
| 12 | 2 3 1 1 3 1 2 |
| 13 | 7 1 1 1 1 1 |
| 14 | 1 7 1 3 2 1 |
| 15 | 1 1 2 1 4 4 |
| 16 | 1 1 2 1 4 3 |
| 17 | 2 4 9 2 2 2 |
| 18 | 3 9 1 1 1 1 |
| 19 | 1 1 1 6 6 2 1 2 |
| 20 | 1 3 2 2 1 3 2 1 |
| 21 | 1 2 2 7 1 1 |
| 22 | 2 6 1 2 1 2 |
| 23 | 8 1 4 1 2 2 |
| 24 | 2 3 2 1 1 1 2 |
| 25 | 2 2 2 4 1 1 1 |
| 26 | 3 3 1 1 2 1 1 |
| 27 | 2 3 1 1 2 1 |
| 28 | 2 3 7 2 2 |
| 29 | 2 6 1 2 1 2 |
| 30 | 7 1 1 5 2 |
| 31 | 2 4 1 5 3 1 |
| 32 | 1 2 3 2 6 2 1 |
| 33 | 1 2 3 2 1 1 2 1 |
| 34 | 2 4 5 3 2 |
| 35 | 4 3 1 6 1 |
| 36 | 2 2 9 2 3 |
| 37 | 1 2 3 1 |
| 38 | 3 2 6 |
| 39 | 2 2 4 |
| 40 | 3 |

# C85 자동차에 매달아 이동할 수 있어요

난이도 ★★☆☆☆

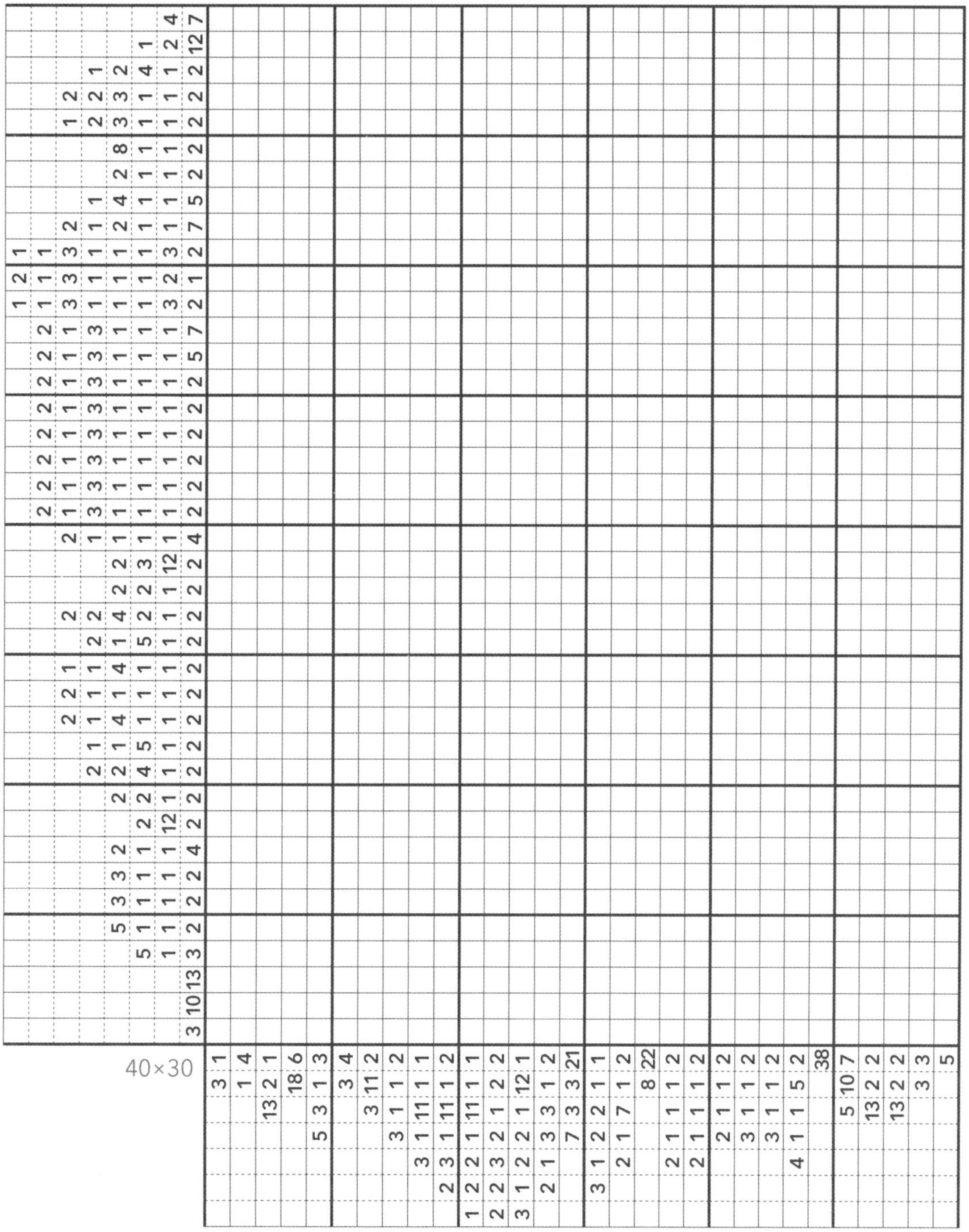

40×30

# C86 소에게서 우유를 얻어요

난이도 ★★⯪☆☆

40×30

**Column clues (left to right, top to bottom)**

1. 4 2 4 3
2. 3 4 3 4 3
3. 3 6 2 3 1
4. 2 9 3 1
5. 2 6 1 3 1
6. 3 4 1 4 3
7. 3 4 2 3 4
8. 2 7 4 2 6
9. 1 12 2 1 5
10. 1 7 2 6 1 2
11. 1 2 4 2 1 1 3
12. 1 3 2 10
13. 2 5 1 5
14. 3 2 10
15. 4 2 2 1 5
16. 7 2 2 2 3
17. 8 4 1 1
18. 7 5 2 5
19. 7 5 1 2 4
20. 4 1 3 1 2 2
21. 3 2 3 8
22. 3 1 3 4 3
23. 1 2 5 1 6
24. 1 2 1 2 4
25. 1 3 2 1 3 3
26. 2 1 3 1 2 4 4
27. 1 1 1 1 1 2 3 7
28. 1 2 2 2 1 3
29. 5 2 2 7
30. 7 1 2 1 3
31. 7 1 1 2 2
32. 5 1 2 1 4 3
33. 8 1 5 6
34. 3 1 10 3
35. 2 1 3 2 3 1
36. 2 2 3 1 2
37. 4 4 2 3 3
38. 2 4 2 3 4
39. 5 2 2 4
40. 5 2 2 5

**Row clues (top to bottom)**

1. 11
2. 8 5 8
3. 3 2 12 4
4. 1 2 12 4 4
5. 2 6 16
6. 3 4 1 7 2
7. 5 7 5 2
8. 5 5 3 3 7
9. 5 2 1 2 2 1 2
10. 7 1 6 1 5
11. 7 3 3 2 9
12. 12 5 2 2 2 8
13. 12 5 1 2 4
14. 4 1 4 1 2 3
15. 4 1 2 10 2 4
16. 2 3 1 6 2 4
17. 5 1 3 2
18. 2 2 1 1 2 1 3 4
19. 2 3 1 3 2 1 5 4
20. 1 2 1 5 1 3 6
21. 2 1 5 2 4 2
22. 1 2 1 1 1 2 3 1 1 1
23. 2 9 6 1 1 1 1
24. 6 1 2 1 2 1 2 1 2
25. 7 1 1 1 1 1 1 1 1
26. 9 6 2 1 2 1 2 1 1
27. 1 3 6 1 2 1 2 1 3 3
28. 9 6 4 5 5 4
29. 1 1 3 4 4 5 4 5
30. 1 1 3 4 4 6

# C87 파티에 갈 수 있게 도와줘요

난이도 ★★☆☆☆

40×30

| 열 | 세로 힌트 |
|---|---|
| 1 | 3 1 |
| 2 | 6 1 |
| 3 | 2 2 1 |
| 4 | 2 1 2 1 |
| 5 | 4 7 1 |
| 6 | 2 10 1 |
| 7 | 7 4 1 3 |
| 8 | 2 2 2 5 1 3 |
| 9 | 2 3 4 4 1 2 |
| 10 | 4 5 3 2 |
| 11 | 3 6 14 |
| 12 | 2 6 1 2 2 3 2 |
| 13 | 3 4 1 2 6 2 |
| 14 | 3 2 1 5 1 2 2 |
| 15 | 3 1 6 1 1 2 |
| 16 | 2 8 3 1 1 3 |
| 17 | 4 10 1 |
| 18 | 3 7 6 2 |
| 19 | 3 3 2 2 2 |
| 20 | 2 5 2 1 2 |
| 21 | 2 5 2 6 2 |
| 22 | 2 5 2 10 1 |
| 23 | 2 3 2 3 1 1 4 |
| 24 | 2 7 2 2 1 3 |
| 25 | 5 5 1 2 2 |
| 26 | 4 8 3 2 3 2 |
| 27 | 3 1 5 4 2 2 |
| 28 | 3 3 1 14 |
| 29 | 1 5 1 2 5 2 |
| 30 | 2 6 1 3 2 1 1 2 |
| 31 | 4 6 4 1 5 |
| 32 | 5 5 1 3 |
| 33 | 2 2 13 1 |
| 34 | 3 2 2 7 1 |
| 35 | 6 2 1 |
| 36 | 3 2 1 |
| 37 | 2 1 2 1 |
| 38 | 2 3 1 |
| 39 | 6 1 |
| 40 | 4 1 |

| 행 | 가로 힌트 |
|---|---|
| 1 | 3 3 4 3 3 |
| 2 | 9 6 4 4 |
| 3 | 10 10 |
| 4 | 3 2 3 2 |
| 5 | 1 1 1 2 |
| 6 | 2 2 2 2 |
| 7 | 1 3 1 3 1 3 1 |
| 8 | 1 6 5 6 1 |
| 9 | 1 3 1 7 1 4 1 |
| 10 | 1 3 1 7 1 3 1 |
| 11 | 1 2 1 1 3 1 1 3 1 |
| 12 | 1 2 1 1 1 1 2 1 |
| 13 | 1 1 1 1 1 1 1 1 |
| 14 | 3 1 4 1 1 4 1 3 |
| 15 | 5 1 1 7 1 1 5 |
| 16 | 2 2 2 1 5 1 2 1 2 |
| 17 | 2 2 5 1 6 2 2 2 |
| 18 | 2 10 12 3 |
| 19 | 2 6 4 5 1 10 |
| 20 | 7 3 1 2 2 1 1 3 4 |
| 21 | 11 3 2 3 7 |
| 22 | 2 2 1 12 5 2 |
| 23 | 2 5 2 2 3 2 |
| 24 | 14 14 |
| 25 | 2 4 2 2 4 2 |
| 26 | 2 1 1 2 2 3 2 1 2 2 |
| 27 | 3 1 1 2 4 1 4 |
| 28 | 3 1 3 3 1 3 |
| 29 | 10 4 10 |
| 30 | 6 6 6 7 8 |

# C88 콧속에 면봉을 넣어 채취해요

난이도 ★★☆☆☆ (2.5)

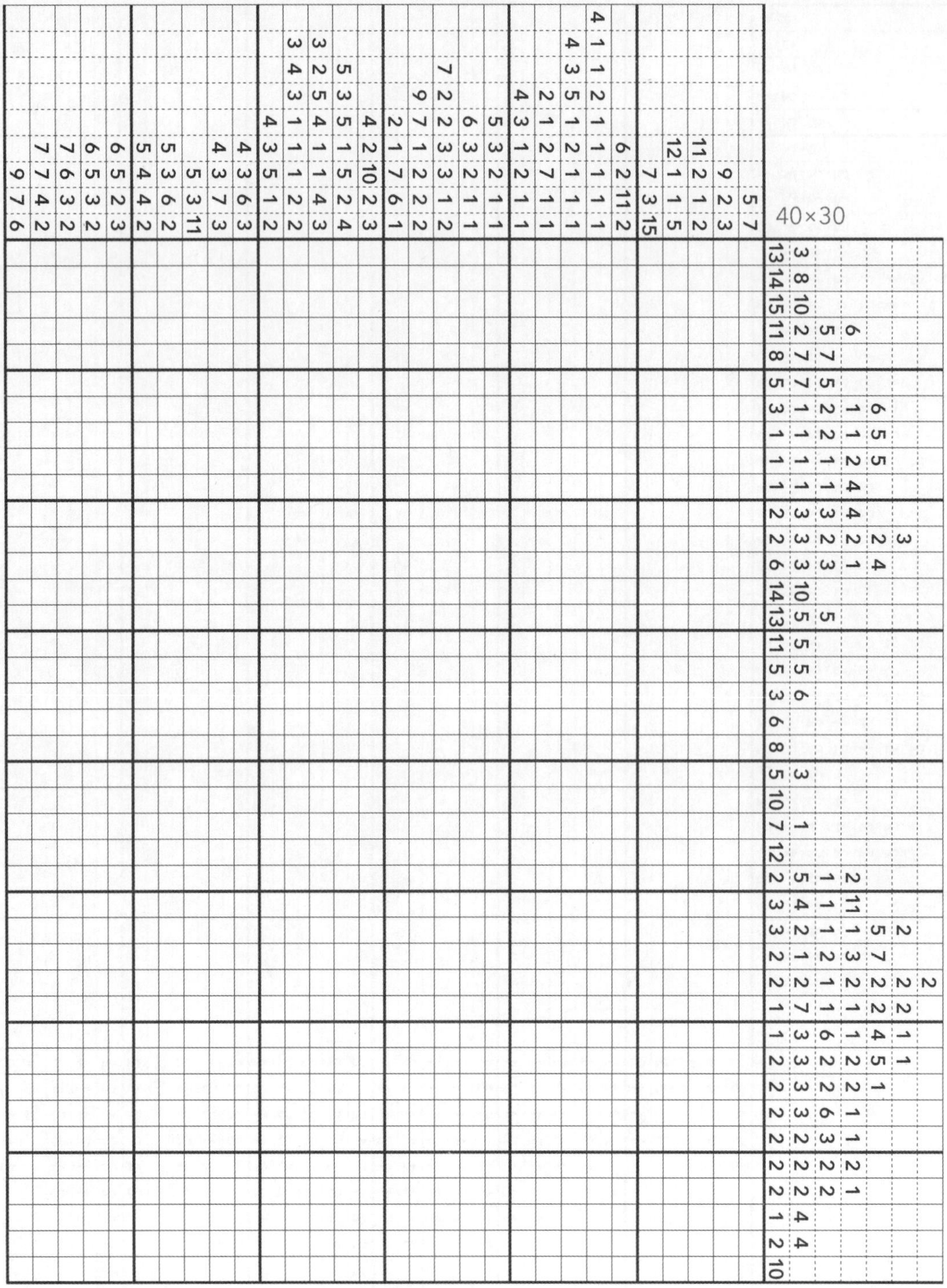

# C89 바람을 등지고 분사해요

난이도 ★★★☆☆

40×30

| Column | Clues |
|---|---|
| 1 | 3 5 |
| 2 | 3 7 10 |
| 3 | 6 16 |
| 4 | 8 2 2 4 |
| 5 | 2 7 1 3 3 |
| 6 | 8 1 5 3 |
| 7 | 2 5 2 2 2 |
| 8 | 2 2 1 2 2 2 |
| 9 | 3 1 2 2 1 2 |
| 10 | 5 4 4 |
| 11 | 5 3 3 |
| 12 | 2 4 4 3 |
| 13 | 4 3 2 1 1 2 |
| 14 | 3 3 2 2 2 |
| 15 | 8 4 2 2 |
| 16 | 3 1 2 4 3 |
| 17 | 4 1 1 3 |
| 18 | 6 4 5 |
| 19 | 4 11 |
| 20 | 13 |
| 21 | 1 1 6 |
| 22 | 1 2 |
| 23 | 2 1 |
| 24 | 5 7 |
| 25 | 1 5 2 |
| 26 | 3 7 2 |
| 27 | 7 1 5 2 2 |
| 28 | 3 2 2 1 9 3 |
| 29 | 3 1 3 1 7 2 1 |
| 30 | 3 3 5 6 1 |
| 31 | 5 2 6 1 7 1 |
| 32 | 4 2 2 9 1 |
| 33 | 7 4 12 |
| 34 | 6 5 |
| 35 | 2 7 |
| 36 | 2 11 3 |
| 37 | 3 4 10 1 |
| 38 | 2 10 1 |
| 39 | 4 4 3 2 |
| 40 | 3 5 |

| Row | Clues |
|---|---|
| 1 | 7 |
| 2 | 1 8 |
| 3 | 3 9 |
| 4 | 2 2 4 |
| 5 | 3 2 1 2 |
| 6 | 4 1 1 2 |
| 7 | 6 2 2 4 |
| 8 | 7 3 5 2 |
| 9 | 3 3 4 2 2 |
| 10 | 1 3 3 4 2 1 |
| 11 | 1 3 4 4 1 1 2 |
| 12 | 2 11 2 2 1 1 2 |
| 13 | 3 3 6 3 5 1 1 1 1 |
| 14 | 7 2 2 2 2 1 1 1 1 1 |
| 15 | 3 1 1 10 4 1 2 |
| 16 | 2 6 9 2 1 |
| 17 | 1 1 6 1 1 2 |
| 18 | 2 1 7 4 1 2 2 |
| 19 | 5 2 2 2 3 16 |
| 20 | 2 1 4 2 4 1 2 8 |
| 21 | 2 3 6 4 1 2 8 |
| 22 | 3 7 2 3 1 11 |
| 23 | 3 1 3 1 3 1 11 |
| 24 | 3 1 1 3 1 6 5 |
| 25 | 3 2 2 4 10 5 |
| 26 | 4 2 2 3 4 4 5 |
| 27 | 5 3 2 4 5 2 1 |
| 28 | 6 3 4 2 1 2 1 |
| 29 | 15 2 1 1 2 |
| 30 | 9 7 4 |

# C90 새해 복 많이 받으세요~

난이도 ★★★☆☆

40×30

| Column | Clues |
|---|---|
| 1 | 6 29 |
| 2 | 10 16 |
| 3 | 5 5 12 |
| 4 | 3 5 7 |
| 5 | 3 4 3 |
| 6 | 2 4 2 |
| 7 | 2 4 2 |
| 8 | 3 3 4 |
| 9 | 5 2 5 |
| 10 | 2 3 2 |
| 11 | 2 3 2 |
| 12 | 3 4 1 |
| 13 | 2 3 2 |
| 14 | 2 3 3 |
| 15 | 5 3 3 4 |
| 16 | 3 6 6 3 |
| 17 | 9 2 2 3 4 1 7 |
| 18 | 7 2 2 1 2 2 5 |
| 19 | 1 1 3 11 2 1 1 |
| 20 | 7 5 1 7 6 |
| 21 | 1 1 1 4 1 3 1 1 1 1 1 |
| 22 | 4 2 1 7 1 4 2 |
| 23 | 1 3 1 2 2 1 3 |
| 24 | 1 1 3 1 1 4 1 |
| 25 | 1 1 6 1 4 2 1 |
| 26 | 1 1 2 5 3 2 1 |
| 27 | 4 6 4 6 6 2 |
| 28 | 1 1 1 1 2 11 2 1 1 1 |
| 29 | 3 3 2 1 9 2 7 |
| 30 | 1 1 2 7 2 1 1 |

| Row | Clues |
|---|---|
| 1 | 6 2 1 1 |
| 2 | 6 2 10 |
| 3 | 3 2 2 1 1 1 1 |
| 4 | 1 1 1 6 4 |
| 5 | 3 1 2 1 |
| 6 | 2 1 2 1 |
| 7 | 3 2 4 4 |
| 8 | 3 2 1 3 1 1 |
| 9 | 4 2 2 8 |
| 10 | 3 1 1 1 1 |
| 11 | 4 2 3 1 8 |
| 12 | 2 3 3 2 1 7 |
| 13 | 2 4 2 2 1 2 |
| 14 | 2 4 1 3 1 |
| 15 | 1 7 3 2 1 |
| 16 | 1 7 3 4 2 2 |
| 17 | 1 7 3 1 1 |
| 18 | 1 5 2 7 |
| 19 | 1 3 1 2 5 |
| 20 | 1 2 1 1 5 |
| 21 | 1 1 1 1 2 4 |
| 22 | 1 1 1 4 3 |
| 23 | 1 1 2 2 4 |
| 24 | 1 1 1 1 5 |
| 25 | 2 1 1 2 5 |
| 26 | 2 2 2 7 |
| 27 | 2 5 1 1 |
| 28 | 2 3 4 1 1 |
| 29 | 3 3 1 2 |
| 30 | 3 1 3 1 |
| 31 | 3 2 3 7 |
| 32 | 3 5 1 8 |
| 33 | 3 2 1 2 1 |
| 34 | 4 1 2 9 |
| 35 | 4 2 1 1 1 1 1 |
| 36 | 4 3 6 4 |
| 37 | 4 3 2 1 1 |
| 38 | 5 3 2 1 1 |
| 39 | 9 6 4 |
| 40 | 9 2 1 1 1 1 |

# C91 아버지가 소파에 앉아서 읽고 계세요

난이도 ★★☆☆☆ (2.5)

40×40

Column clues (left to right, top to bottom):

| | |
|---|---|
| 1 | 40 |
| 2 | 7 14 9 |
| 3 | 6 9 6 |
| 4 | 4 1 5 |
| 5 | 4 2 1 |
| 6 | 4 1 1 |
| 7 | 4 3 6 |
| 8 | 3 6 3 2 |
| 9 | 3 6 1 |
| 10 | 3 2 2 |
| 11 | 3 2 1 1 |
| 12 | 2 3 2 1 |
| 13 | 2 6 5 1 8 |
| 14 | 2 5 5 5 3 2 |
| 15 | 11 3 1 3 1 1 |
| 16 | 8 2 3 1 1 2 1 |
| 17 | 9 5 1 3 1 10 |
| 18 | 5 5 1 3 1 2 1 |
| 19 | 4 1 3 1 3 4 1 3 1 |
| 20 | 3 1 1 1 2 5 1 1 3 6 |
| 21 | 2 1 2 2 2 1 1 1 1 1 1 3 1 3 |
| 22 | 2 1 2 3 1 1 1 1 1 1 1 1 1 1 2 |
| 23 | 2 2 1 1 1 1 1 1 1 1 3 1 |
| 24 | 2 5 1 1 1 1 1 1 |
| 25 | 3 1 2 3 2 1 1 1 1 6 1 |
| 26 | 3 1 2 2 1 2 1 1 1 6 1 |
| 27 | 7 7 3 5 1 |
| 28 | 1 3 12 3 1 |
| 29 | 1 1 12 9 |
| 30 | 2 2 1 2 6 |
| 31 | 3 2 2 6 2 3 7 |
| 32 | 10 2 6 2 3 2 4 |
| 33 | 2 1 6 2 3 2 2 |
| 34 | 1 2 5 2 2 2 1 |
| 35 | 2 1 5 2 |
| 36 | 1 2 3 3 5 |
| 37 | 1 1 2 1 1 4 1 |
| 38 | 6 1 1 1 1 2 |
| 39 | 3 3 2 2 2 2 |
| 40 | 2 2 15 |

Row clues (top to bottom, left to right):

| | |
|---|---|
| 1 | 26 |
| 2 | 30 |
| 3 | 11 6 3 2 |
| 4 | 7 6 2 1 |
| 5 | 3 5 3 4 2 |
| 6 | 5 4 2 1 |
| 7 | 2 3 4 3 3 1 |
| 8 | 1 1 4 1 2 5 1 |
| 9 | 1 2 1 1 1 1 1 |
| 10 | 1 1 1 4 1 1 |
| 11 | 1 1 2 6 1 1 |
| 12 | 1 1 3 2 3 1 1 4 |
| 13 | 1 1 2 4 4 3 |
| 14 | 2 2 6 4 4 5 |
| 15 | 2 1 9 3 3 1 3 2 |
| 16 | 2 13 5 3 2 |
| 17 | 2 2 3 9 2 5 |
| 18 | 3 1 8 5 4 1 |
| 19 | 3 2 1 11 8 |
| 20 | 3 1 3 3 1 5 1 |
| 21 | 3 1 14 1 10 |
| 22 | 4 1 2 4 1 1 4 1 1 |
| 23 | 4 1 2 1 8 1 3 3 |
| 24 | 4 1 3 4 1 2 1 1 |
| 25 | 7 1 5 1 1 2 3 |
| 26 | 4 1 1 3 2 2 1 2 |
| 27 | 2 1 1 7 1 2 1 1 |
| 28 | 1 1 2 2 2 1 1 2 1 1 |
| 29 | 1 3 4 5 3 1 3 1 1 |
| 30 | 1 5 1 3 1 3 2 1 |
| 31 | 1 1 5 3 1 2 5 1 |
| 32 | 2 4 3 1 3 1 1 2 3 |
| 33 | 2 2 1 5 3 1 2 2 |
| 34 | 2 1 1 1 2 1 |
| 35 | 3 1 8 3 1 |
| 36 | 3 1 1 7 1 |
| 37 | 3 1 1 6 1 |
| 38 | 3 1 2 4 1 |
| 39 | 3 1 3 3 2 |
| 40 | 3 1 3 3 2 |

# C92 내일이 정말 중요한 날이에요

난이도 ★★½☆☆

40×40

| 열 | 힌트 |
|---|---|
| 1 | 2 11 1 5 |
| 2 | 14 2 1 2 3 |
| 3 | 10 3 18 2 |
| 4 | 4 7 19 2 |
| 5 | 3 5 1 1 1 1 2 |
| 6 | 2 4 1 2 1 1 2 |
| 7 | 1 4 3 1 2 1 2 2 |
| 8 | 1 6 3 1 2 1 1 2 |
| 9 | 1 6 3 1 2 1 4 |
| 10 | 1 6 3 1 2 1 |
| 11 | 1 6 3 1 2 1 3 |
| 12 | 2 4 2 1 1 2 4 4 |
| 13 | 3 2 5 1 2 3 2 2 2 |
| 14 | 14 1 2 3 2 1 2 |
| 15 | 10 3 1 4 3 2 |
| 16 | 5 8 1 2 1 1 3 |
| 17 | 13 3 1 4 3 |
| 18 | 2 3 2 2 2 |
| 19 | 1 2 3 1 3 |
| 20 | 1 2 1 1 1 3 |
| 21 | 3 1 8 1 1 1 4 |
| 22 | 5 2 9 3 1 7 |
| 23 | 3 1 1 3 11 1 2 3 2 |
| 24 | 3 1 1 1 3 12 4 2 |
| 25 | 3 1 4 3 2 10 1 3 |
| 26 | 4 1 1 1 2 1 10 2 |
| 27 | 4 1 3 3 1 11 2 |
| 28 | 4 1 1 1 3 7 1 2 |
| 29 | 4 1 1 1 1 1 2 7 4 2 |
| 30 | 4 1 1 1 1 2 1 8 1 2 |
| 31 | 3 4 1 2 2 9 4 2 |
| 32 | 4 2 4 14 1 2 |
| 33 | 3 9 13 1 6 |
| 34 | 9 14 2 4 |
| 35 | 1 1 2 13 7 |
| 36 | 2 1 1 1 2 5 |
| 37 | 1 1 1 1 1 3 |
| 38 | 1 4 1 1 3 |
| 39 | 3 3 3 |
| 40 | 11 |

| 행 | 힌트 |
|---|---|
| 1 | 3 13 5 |
| 2 | 6 6 10 |
| 3 | 4 5 11 |
| 4 | 4 4 4 12 |
| 5 | 4 6 4 1 3 |
| 6 | 3 9 1 1 1 |
| 7 | 3 11 9 3 |
| 8 | 4 6 4 1 4 3 |
| 9 | 4 4 4 5 8 1 |
| 10 | 5 5 1 3 1 4 1 |
| 11 | 2 3 3 2 1 1 1 1 2 3 |
| 12 | 17 5 3 3 1 |
| 13 | 11 5 2 2 2 1 |
| 14 | 16 2 3 2 |
| 15 | 2 2 2 |
| 16 | 7 5 |
| 17 | 12 4 3 2 4 |
| 18 | 2 4 2 4 3 2 |
| 19 | 3 2 3 1 4 1 |
| 20 | 16 4 3 5 1 |
| 21 | 2 11 5 7 1 |
| 22 | 2 1 4 4 1 |
| 23 | 2 2 5 5 1 |
| 24 | 2 1 6 6 1 |
| 25 | 2 2 3 4 6 1 |
| 26 | 2 1 2 1 5 8 1 |
| 27 | 2 2 3 2 15 1 |
| 28 | 2 1 2 2 12 1 |
| 29 | 2 1 16 1 |
| 30 | 13 2 10 1 |
| 31 | 2 2 2 3 8 2 |
| 32 | 2 2 1 7 4 1 |
| 33 | 6 3 3 1 3 3 2 |
| 34 | 4 3 3 2 6 1 1 4 |
| 35 | 1 2 1 2 7 1 1 1 1 4 |
| 36 | 1 1 2 2 3 1 5 |
| 37 | 2 3 7 2 8 |
| 38 | 8 15 3 |
| 39 | 5 19 |
| 40 | 3 9 |

# C93 여기엔 공주가 살아요

난이도 ★★☆☆☆ (2.5/5)

40×40

| Row | Clues |
|---|---|
| 1 | 1 |
| 2 | 2 |
| 3 | 3 6 2 |
| 4 | 1 9 12 |
| 5 | 1 2 1 4 2 3 |
| 6 | 2 1 1 5 2 3 |
| 7 | 2 4 1 6 2 3 3 |
| 8 | 2 3 11 2 4 3 |
| 9 | 3 6 1 6 2 3 3 |
| 10 | 10 1 6 2 3 |
| 11 | 6 1 1 4 1 3 |
| 12 | 3 7 3 11 |
| 13 | 4 1 2 1 6 1 2 |
| 14 | 4 1 1 1 1 1 2 |
| 15 | 1 1 10 3 7 2 |
| 16 | 2 4 1 2 1 8 1 |
| 17 | 1 5 1 2 3 9 1 |
| 18 | 2 3 1 4 2 1 3 1 1 1 1 |
| 19 | 2 4 1 5 2 1 9 1 |
| 20 | 9 1 1 1 1 1 3 1 1 1 1 1 |
| 21 | 9 1 1 1 1 3 9 1 1 |
| 22 | 4 1 5 2 1 4 1 1 1 1 |
| 23 | 3 1 4 2 3 7 3 |
| 24 | 5 1 2 1 1 3 |
| 25 | 4 1 1 1 5 5 |
| 26 | 1 1 11 1 1 12 |
| 27 | 2 4 1 1 2 2 3 3 |
| 28 | 2 4 1 1 4 2 3 |
| 29 | 2 3 12 2 3 2 |
| 30 | 3 6 1 5 2 4 2 |
| 31 | 10 1 5 2 3 2 |
| 32 | 6 1 5 2 2 |
| 33 | 3 12 3 2 |
| 34 | 4 1 3 12 |
| 35 | 1 1 2 1 2 3 2 |
| 36 | 2 1 1 5 2 |
| 37 | 1 8 1 8 |
| 38 | 3 2 7 2 |
| 39 | 1 1 1 |
| 40 | 4 1 |

| Column | Clues |
|---|---|
| 1 | 2 4 |
| 2 | 6 |
| 3 | 2 2 2 2 2 |
| 4 | 5 4 5 |
| 5 | 4 8 4 |
| 6 | 1 10 1 |
| 7 | 1 14 1 |
| 8 | 3 1 2 2 2 1 3 |
| 9 | 3 1 2 2 2 1 3 |
| 10 | 5 2 2 5 |
| 11 | 5 12 5 |
| 12 | 7 1 1 7 |
| 13 | 1 1 1 1 1 4 1 1 1 1 1 |
| 14 | 5 3 2 2 3 5 |
| 15 | 1 1 2 2 1 2 2 1 2 2 1 1 |
| 16 | 1 5 1 2 2 1 5 1 |
| 17 | 5 4 6 4 5 |
| 18 | 1 1 1 1 1 1 1 1 |
| 19 | 1 1 5 4 3 1 1 1 |
| 20 | 1 2 2 4 3 2 1 1 1 |
| 21 | 1 6 2 1 5 1 1 |
| 22 | 1 5 5 3 |
| 23 | 12 5 4 8 3 |
| 24 | 9 1 1 1 1 8 2 1 |
| 25 | 11 3 3 12 1 |
| 26 | 1 3 2 1 1 2 2 1 1 |
| 27 | 1 1 1 3 1 |
| 28 | 1 6 1 5 1 7 1 2 |
| 29 | 11 7 12 1 |
| 30 | 2 2 9 2 3 1 |
| 31 | 1 1 1 3 1 3 1 1 1 1 1 |
| 32 | 1 3 1 9 1 3 2 1 |
| 33 | 1 3 1 3 1 1 1 1 3 2 2 |
| 34 | 1 3 1 9 1 3 2 1 |
| 35 | 1 1 3 1 1 1 1 1 1 |
| 36 | 1 15 1 1 |
| 37 | 1 2 2 1 1 |
| 38 | 25 1 1 |
| 39 | 14 16 |
| 40 | 10 21 |

# C94 모든 걸 빨아들여요

난이도 ★★★☆☆

40×40

| 열 | 단서 |
|---|---|
| 1 | 17 5 |
| 2 | 17 8 |
| 3 | 2 2 2 8 |
| 4 | 14 2 2 6 |
| 5 | 2 2 1 2 1 1 4 |
| 6 | 2 2 1 2 1 1 2 2 |
| 7 | 2 2 1 2 1 1 2 2 1 |
| 8 | 2 2 1 2 3 1 3 2 1 |
| 9 | 2 2 1 2 6 2 4 2 |
| 10 | 2 2 1 4 1 1 9 |
| 11 | 2 2 4 2 1 7 1 |
| 12 | 15 2 2 5 1 |
| 13 | 13 1 2 5 1 |
| 14 | 2 1 5 5 1 |
| 15 | 5 1 2 7 1 |
| 16 | 10 1 4 1 |
| 17 | 10 5 1 3 2 |
| 18 | 9 2 7 4 7 |
| 19 | 5 2 12 3 4 1 |
| 20 | 7 10 7 3 |
| 21 | 7 9 2 4 4 |
| 22 | 5 1 5 2 4 2 4 |
| 23 | 5 1 2 4 7 6 |
| 24 | 4 2 2 2 5 3 |
| 25 | 5 2 2 2 1 3 |
| 26 | 9 1 1 1 1 2 |
| 27 | 4 3 2 1 |
| 28 | 1 4 1 |
| 29 | 9 3 4 1 |
| 30 | 9 3 1 5 1 |
| 31 | 2 4 2 7 3 |
| 32 | 6 2 4 4 7 2 1 |
| 33 | 1 2 4 3 4 10 1 |
| 34 | 1 2 7 5 1 4 2 1 |
| 35 | 1 2 3 5 3 2 2 1 |
| 36 | 1 2 14 5 4 1 |
| 37 | 1 2 6 3 7 2 1 |
| 38 | 6 2 4 14 2 1 |
| 39 | 2 2 6 7 2 1 |
| 40 | 9 6 5 1 3 |

| 행 | 단서 |
|---|---|
| 1 | 13 8 2 1 1 1 |
| 2 | 13 11 2 1 1 1 |
| 3 | 2 1 2 12 2 1 1 1 |
| 4 | 2 1 2 13 2 1 1 1 |
| 5 | 2 1 2 9 3 2 1 1 1 |
| 6 | 2 1 2 4 2 2 2 7 1 |
| 7 | 2 1 2 4 2 2 1 2 1 |
| 8 | 13 5 1 1 12 |
| 9 | 13 4 1 12 |
| 10 | 2 1 2 2 2 |
| 11 | 2 1 7 2 4 |
| 12 | 2 1 3 2 4 5 |
| 13 | 2 1 2 3 4 |
| 14 | 2 9 4 4 4 |
| 15 | 2 2 6 6 2 1 |
| 16 | 11 6 6 2 2 |
| 17 | 11 7 4 1 3 |
| 18 | 1 7 1 1 3 |
| 19 | 2 7 3 5 |
| 20 | 1 4 2 11 |
| 21 | 3 2 2 9 |
| 22 | 1 2 3 3 5 1 |
| 23 | 1 4 2 2 3 2 1 |
| 24 | 2 4 2 5 7 |
| 25 | 1 1 1 4 1 4 |
| 26 | 5 1 2 2 5 1 5 |
| 27 | 3 1 1 5 3 1 5 |
| 28 | 3 2 2 4 3 7 |
| 29 | 4 3 1 3 3 5 |
| 30 | 4 4 2 21 |
| 31 | 9 1 3 3 |
| 32 | 4 6 3 3 |
| 33 | 3 9 5 3 |
| 34 | 3 14 1 3 |
| 35 | 14 1 4 |
| 36 | 2 10 1 1 1 |
| 37 | 1 2 2 1 3 8 |
| 38 | 1 2 2 8 10 |
| 39 | 2 2 2 7 1 1 |
| 40 | 12 7 10 |

# C95 장갑처럼 손에 끼우고 조종해요

난이도 ★★★☆☆

40×40

Row clues (left of grid, top to bottom):

| Row | Clues |
|---|---|
| 1 | 1 4 2 4 |
| 2 | 9 12 |
| 3 | 2 2 5 2 4 |
| 4 | 2 14 1 7 |
| 5 | 2 6 6 4 1 2 |
| 6 | 9 11 3 1 1 1 |
| 7 | 1 2 7 2 7 1 1 2 |
| 8 | 2 3 5 3 1 1 1 1 |
| 9 | 2 10 1 1 1 1 |
| 10 | 3 2 2 8 1 1 |
| 11 | 1 2 4 1 2 1 1 1 1 |
| 12 | 4 2 1 1 1 1 1 2 |
| 13 | 2 2 5 2 1 1 1 1 1 |
| 14 | 5 5 3 2 1 1 1 2 |
| 15 | 4 2 2 1 1 5 1 1 1 |
| 16 | 1 2 4 2 1 4 1 1 |
| 17 | 8 2 1 2 2 2 1 1 1 |
| 18 | 7 2 5 6 1 1 1 |
| 19 | 1 5 6 2 5 1 3 |
| 20 | 5 7 12 1 2 |
| 21 | 9 13 2 1 2 |
| 22 | 2 3 8 2 5 1 1 1 |
| 23 | 6 3 2 3 3 1 1 2 |
| 24 | 2 3 2 2 2 1 3 1 1 1 |
| 25 | 6 2 2 3 9 1 1 |
| 26 | 2 2 4 1 3 2 1 1 1 |
| 27 | 3 3 1 1 2 1 1 3 |
| 28 | 1 2 3 1 1 1 2 |
| 29 | 3 2 3 2 1 1 2 |
| 30 | 4 4 1 1 2 5 1 1 |
| 31 | 2 2 3 1 6 1 1 1 |
| 32 | 5 2 2 3 1 2 1 1 1 |
| 33 | 2 4 3 2 2 3 2 1 1 1 |
| 34 | 13 2 6 1 1 1 |
| 35 | 2 2 3 7 8 1 1 5 |
| 36 | 13 9 6 |
| 37 | 1 8 2 3 |
| 38 | 1 7 2 5 |
| 39 | 11 7 4 |
| 40 | 2 5 1 4 |

Column clues (below grid, left to right, each read top to bottom):

| Column | Clues |
|---|---|
| 1 | 1 1 2 2 |
| 2 | 3 3 4 4 |
| 3 | 2 2 5 3 2 2 3 1 |
| 4 | 3 1 5 2 5 12 5 |
| 5 | 1 5 7 6 1 2 5 1 |
| 6 | 1 2 1 2 12 8 1 |
| 7 | 1 1 6 2 2 2 1 1 |
| 8 | 1 2 5 3 1 |
| 9 | 1 3 1 5 1 3 1 |
| 10 | 1 18 2 1 4 1 |
| 11 | 1 1 4 3 2 15 1 1 |
| 12 | 1 6 1 4 1 1 15 1 |
| 13 | 1 4 1 1 3 2 4 1 2 3 1 |
| 14 | 1 1 4 1 2 2 4 2 2 3 1 |
| 15 | 1 6 1 1 5 2 1 1 2 3 1 |
| 16 | 1 4 2 1 1 7 2 2 1 1 |
| 17 | 7 1 2 5 4 6 1 |
| 18 | 1 6 4 4 3 2 2 4 1 |
| 19 | 6 2 2 5 1 2 3 1 |
| 20 | 6 2 2 3 3 4 |
| 21 | 3 2 4 2 2 7 |
| 22 | 8 4 3 2 1 1 5 2 |
| 23 | 5 2 1 1 7 2 1 7 |
| 24 | 2 5 1 1 2 3 1 1 6 |
| 25 | 7 1 1 6 1 1 4 2 |
| 26 | 2 2 1 1 3 5 5 1 |
| 27 | 1 2 1 1 16 1 1 |
| 28 | 1 13 2 2 1 |
| 29 | 1 1 1 2 1 1 1 1 |
| 30 | 1 1 1 1 1 1 1 |
| 31 | 35 1 |
| 32 | 1 2 2 |
| 33 | 1 1 1 |
| 34 | 33 1 |
| 35 | 2 1 3 3 1 1 |
| 36 | 1 2 1 2 2 2 2 2 2 1 |
| 37 | 1 4 4 3 4 1 |
| 38 | 1 1 1 |
| 39 | 1 1 1 |
| 40 | 1 1 1 |

# C96 이번 역은~

난이도 ★★★☆☆

40×40

| 세로 | 단서 |
|---|---|
| 1 | 5 1 5 5 4 |
| 2 | 2 12 7 6 1 |
| 3 | 2 1 1 2 4 4 4 |
| 4 | 5 1 1 1 1 1 1 1 1 |
| 5 | 2 1 1 1 1 1 1 1 2 1 1 |
| 6 | 2 1 1 1 1 1 1 1 1 2 1 |
| 7 | 8 1 5 5 5 2 1 |
| 8 | 2 1 1 1 1 1 5 1 3 |
| 9 | 2 8 1 9 2 |
| 10 | 18 1 9 |
| 11 | 2 9 2 4 3 2 3 |
| 12 | 2 9 6 2 5 3 |
| 13 | 2 3 1 1 1 1 3 6 |
| 14 | 2 3 1 2 1 1 5 1 1 1 |
| 15 | 2 3 6 1 3 2 1 2 3 |
| 16 | 2 2 1 1 1 1 2 1 2 2 |
| 17 | 2 4 1 4 6 1 |
| 18 | 2 1 6 1 1 2 2 |
| 19 | 4 5 2 1 3 2 3 3 |
| 20 | 2 1 2 7 2 3 5 2 |
| 21 | 1 1 1 2 3 6 6 |
| 22 | 3 5 3 5 2 3 |
| 23 | 3 3 3 2 2 2 2 |
| 24 | 2 1 1 3 1 3 1 2 2 1 1 |
| 25 | 2 1 1 4 2 1 2 2 3 |
| 26 | 2 8 2 1 1 2 2 3 1 |
| 27 | 2 8 2 2 2 5 |
| 28 | 2 2 5 7 2 4 |
| 29 | 2 1 5 5 2 |
| 30 | 2 1 4 1 2 |
| 31 | 2 1 1 4 1 2 |
| 32 | 2 1 6 1 2 |
| 33 | 2 1 6 3 3 1 |
| 34 | 2 8 2 2 2 2 2 |
| 35 | 16 6 1 7 |
| 36 | 2 4 2 2 2 2 |
| 37 | 2 3 3 |
| 38 | 3 1 1 1 1 |
| 39 | 15 8 13 |
| 40 | 14 8 13 |

| 가로 | 단서 |
|---|---|
| 1 | 1 3 1 |
| 2 | 19 17 |
| 3 | 18 18 |
| 4 | 1 1 1 1 1 1 3 |
| 5 | 5 1 1 1 1 2 |
| 6 | 1 1 1 3 1 1 2 |
| 7 | 1 1 1 1 1 2 4 2 |
| 8 | 2 1 7 1 4 1 2 2 |
| 9 | 19 2 3 4 2 |
| 10 | 2 9 1 5 6 2 |
| 11 | 12 4 4 5 2 |
| 12 | 2 10 2 11 2 |
| 13 | 2 4 1 1 14 2 |
| 14 | 12 2 18 2 |
| 15 | 1 1 4 2 15 1 2 |
| 16 | 1 1 3 1 1 1 3 3 2 |
| 17 | 2 1 1 5 1 2 5 |
| 18 | 1 8 1 1 1 |
| 19 | 1 1 2 7 2 5 |
| 20 | 1 1 3 1 1 3 2 |
| 21 | 3 1 1 1 2 1 2 |
| 22 | 1 5 1 4 1 6 1 2 |
| 23 | 1 1 1 1 1 4 3 1 2 |
| 24 | 1 1 1 1 1 2 1 1 1 2 1 2 |
| 25 | 1 1 4 1 1 1 2 2 3 2 |
| 26 | 1 6 1 1 1 1 1 1 7 5 |
| 27 | 3 2 1 1 4 3 1 1 |
| 28 | 1 1 2 2 8 6 2 5 |
| 29 | 1 1 3 10 2 3 2 |
| 30 | 1 9 1 1 2 |
| 31 | 2 1 5 1 13 2 |
| 32 | 1 1 25 2 |
| 33 | 1 1 1 2 4 1 2 |
| 34 | 1 8 2 1 2 |
| 35 | 1 1 5 2 6 1 2 |
| 36 | 2 1 1 5 7 1 2 |
| 37 | 1 5 1 1 3 4 1 2 |
| 38 | 1 1 2 5 3 1 3 1 2 |
| 39 | 1 1 1 3 2 1 1 2 1 2 |
| 40 | 7 3 2 1 1 1 3 1 2 |

# C97 옛날식 담배예요

난이도 ★★★☆☆

40×40

| Column | Clues |
|---|---|
| 1 | 1 7 3 1 |
| 2 | 8 2 2 1 |
| 3 | 4 3 5 2 5 1 |
| 4 | 9 2 2 2 3 1 2 1 |
| 5 | 6 3 2 3 3 2 3 1 |
| 6 | 1 6 2 2 3 4 1 1 2 1 |
| 7 | 8 7 4 1 1 3 1 |
| 8 | 5 3 2 2 7 1 1 4 2 |
| 9 | 13 8 1 5 3 |
| 10 | 12 1 3 6 5 |
| 11 | 13 1 3 2 1 3 |
| 12 | 12 3 1 2 |
| 13 | 9 2 5 1 3 |
| 14 | 4 7 2 3 4 |
| 15 | 11 3 3 6 5 |
| 16 | 6 3 2 3 2 8 |
| 17 | 3 2 7 7 |
| 18 | 1 4 5 5 5 5 |
| 19 | 8 2 9 4 |
| 20 | 6 4 8 3 |
| 21 | 3 3 2 1 7 5 |
| 22 | 3 2 2 4 2 |
| 23 | 2 4 2 7 3 |
| 24 | 1 3 1 6 3 3 |
| 25 | 2 5 5 4 |
| 26 | 2 3 2 4 4 |
| 27 | 1 7 5 3 |
| 28 | 1 14 3 1 |
| 29 | 1 12 3 4 |
| 30 | 2 8 2 2 7 |
| 31 | 3 1 1 2 4 3 8 |
| 32 | 3 2 2 1 3 9 |
| 33 | 2 7 1 3 10 |
| 34 | 3 2 1 2 3 10 |
| 35 | 5 2 7 10 |
| 36 | 6 1 2 4 10 |
| 37 | 8 1 3 2 10 |
| 38 | 3 4 2 4 2 9 |
| 39 | 7 9 3 8 |
| 40 | 6 2 7 |

| Row | Clues |
|---|---|
| 1 | 9 8 19 |
| 2 | 4 11 5 2 11 |
| 3 | 17 4 2 7 |
| 4 | 16 3 3 2 |
| 5 | 2 10 2 3 1 6 |
| 6 | 7 8 4 4 1 5 |
| 7 | 4 10 11 4 |
| 8 | 4 11 1 8 2 |
| 9 | 1 2 9 2 1 3 1 |
| 10 | 2 4 3 1 7 1 |
| 11 | 3 7 4 5 2 |
| 12 | 2 6 6 4 4 2 |
| 13 | 1 4 2 1 3 9 1 |
| 14 | 1 3 2 2 3 2 1 |
| 15 | 1 2 2 4 2 1 |
| 16 | 2 2 1 1 4 1 2 |
| 17 | 2 2 2 1 4 1 3 |
| 18 | 3 4 3 3 1 |
| 19 | 2 5 6 2 |
| 20 | 4 5 3 3 2 |
| 21 | 2 4 3 3 4 7 |
| 22 | 7 10 4 2 |
| 23 | 2 10 10 1 |
| 24 | 2 9 9 2 |
| 25 | 1 8 1 7 6 |
| 26 | 2 2 2 2 7 8 |
| 27 | 3 2 1 1 6 2 |
| 28 | 1 6 2 2 5 1 |
| 29 | 3 1 1 1 4 |
| 30 | 1 6 1 6 |
| 31 | 3 4 1 4 5 |
| 32 | 2 3 1 4 7 |
| 33 | 5 2 4 9 |
| 34 | 4 2 2 11 |
| 35 | 3 2 2 11 |
| 36 | 3 4 2 11 |
| 37 | 1 6 1 12 |
| 38 | 3 9 12 |
| 39 | 21 12 |
| 40 | 14 13 |

# C98 안전을 위해 좌석벨트 매셨는지 확인 부탁드립니다

난이도 ★★★☆☆

40×40

| Column | Clues |
|---|---|
| 1 | 4 2 5 4 |
| 2 | 5 4 13 |
| 3 | 9 7 1 2 2 5 |
| 4 | 4 3 3 3 4 1 1 1 |
| 5 | 1 1 2 3 3 4 6 2 |
| 6 | 1 1 2 3 1 2 3 6 2 |
| 7 | 1 1 2 3 1 1 3 6 2 |
| 8 | 1 1 2 3 1 2 2 6 2 |
| 9 | 1 1 2 1 1 1 2 1 1 1 1 |
| 10 | 1 1 2 1 1 1 9 1 1 |
| 11 | 1 11 1 3 2 1 1 |
| 12 | 5 9 2 6 |
| 13 | 1 2 1 2 1 1 1 2 |
| 14 | 1 5 4 2 1 1 2 1 |
| 15 | 3 3 1 2 3 1 3 |
| 16 | 2 2 1 2 2 1 2 |
| 17 | 4 1 2 2 14 2 |
| 18 | 2 1 3 1 2 1 1 2 |
| 19 | 5 1 1 2 1 1 12 |
| 20 | 7 1 1 1 1 2 3 2 1 4 |
| 21 | 2 2 2 2 2 9 2 3 1 |
| 22 | 2 2 4 3 9 2 4 1 |
| 23 | 2 2 26 1 1 |
| 24 | 2 2 3 3 3 5 6 1 1 |
| 25 | 2 2 2 1 2 3 5 5 2 1 |
| 26 | 2 2 3 2 2 8 4 4 |
| 27 | 2 2 2 3 7 3 |
| 28 | 3 2 2 13 3 |
| 29 | 6 8 1 5 3 2 |
| 30 | 4 1 5 1 11 |
| 31 | 1 1 4 5 |
| 32 | 2 2 10 |
| 33 | 1 2 3 1 2 |
| 34 | 2 2 3 1 |
| 35 | 25 1 1 10 |
| 36 | 4 1 2 |
| 37 | 4 1 |
| 38 | 30 9 |
| 39 | 1 1 7 1 |
| 40 | 1 4 1 3 5 3 1 |

| Row | Clues |
|---|---|
| 1 | 9 1 1 |
| 2 | 11 1 1 |
| 3 | 4 2 3 1 1 |
| 4 | 9 2 2 2 1 1 |
| 5 | 2 1 1 4 2 2 1 3 |
| 6 | 4 4 1 3 2 1 1 |
| 7 | 14 1 10 1 1 |
| 8 | 3 1 2 2 7 2 1 |
| 9 | 3 1 2 3 4 1 1 |
| 10 | 9 2 7 4 1 1 1 |
| 11 | 10 14 1 1 1 |
| 12 | 3 1 3 1 3 1 1 1 |
| 13 | 3 1 2 1 2 1 1 |
| 14 | 10 3 1 1 3 1 1 |
| 15 | 5 4 1 1 1 3 1 1 |
| 16 | 10 1 2 3 4 1 1 |
| 17 | 1 1 2 2 9 2 3 |
| 18 | 1 1 2 11 3 1 |
| 19 | 11 2 1 1 2 1 1 |
| 20 | 4 3 10 5 1 1 |
| 21 | 5 1 2 8 1 1 |
| 22 | 2 7 2 13 1 1 1 |
| 23 | 2 11 4 5 1 1 1 |
| 24 | 2 2 2 1 11 3 1 1 |
| 25 | 7 1 1 1 11 6 |
| 26 | 2 5 1 1 13 2 4 |
| 27 | 10 11 4 6 |
| 28 | 2 1 1 7 2 1 4 |
| 29 | 2 1 1 1 1 2 1 2 3 |
| 30 | 11 1 1 3 4 3 |
| 31 | 3 4 2 1 10 3 1 2 |
| 32 | 2 4 6 15 2 2 |
| 33 | 4 1 1 7 2 5 |
| 34 | 4 3 1 1 4 2 1 1 |
| 35 | 10 2 1 6 2 1 1 1 |
| 36 | 1 1 1 3 2 1 2 1 1 1 |
| 37 | 1 1 2 3 3 1 1 1 |
| 38 | 1 1 2 1 2 1 1 1 |
| 39 | 11 2 1 1 1 3 |
| 40 | 4 2 1 7 1 1 |

## C99 장수하는 동물이에요

난이도 ★★★☆☆ (3.5)

40×40

**Column clues (top to bottom)**

| Column | Clues |
| --- | --- |
| 1 | 4 11 2 |
| 2 | 4 2 4 2 3 2 |
| 3 | 4 3 3 2 1 2 4 1 |
| 4 | 4 3 2 1 3 1 1 2 |
| 5 | 4 4 7 1 4 1 1 1 |
| 6 | 2 2 5 5 3 1 1 1 1 |
| 7 | 3 7 3 5 1 1 1 2 |
| 8 | 11 2 2 1 1 5 3 |
| 9 | 4 5 1 3 3 2 9 1 2 |
| 10 | 4 4 2 5 1 9 1 2 |
| 11 | 2 7 2 3 6 1 3 |
| 12 | 1 7 3 1 5 1 2 |
| 13 | 12 1 1 5 1 1 2 |
| 14 | 4 4 1 3 2 2 1 2 |
| 15 | 10 1 3 2 1 3 1 3 |
| 16 | 3 7 2 1 3 3 2 1 3 |
| 17 | 2 12 1 3 2 3 1 3 |
| 18 | 1 2 6 1 8 1 1 4 |
| 19 | 4 4 2 1 3 3 2 1 2 |
| 20 | 4 3 2 4 2 1 2 1 2 |
| 21 | 4 2 6 2 3 2 2 |
| 22 | 4 1 3 3 2 2 1 3 |
| 23 | 4 6 5 2 6 1 |
| 24 | 4 1 5 9 1 1 1 |
| 25 | 4 1 5 2 2 1 2 1 |
| 26 | 4 6 4 4 2 1 2 |
| 27 | 4 3 4 1 5 1 2 |
| 28 | 4 3 2 2 2 1 4 |
| 29 | 4 3 4 7 2 1 4 |
| 30 | 4 5 9 2 1 1 4 |
| 31 | 1 3 7 1 2 1 4 |
| 32 | 27 1 3 4 |
| 33 | 4 11 4 2 1 4 |
| 34 | 4 5 6 2 3 1 4 |
| 35 | 4 6 3 1 2 1 4 |
| 36 | 4 4 4 1 2 2 2 2 |
| 37 | 4 6 3 3 2 1 2 |
| 38 | 4 5 4 2 1 2 1 |
| 39 | 4 3 7 1 3 1 |
| 40 | 4 11 2 |

**Row clues (left to right)**

| Row | Clues |
| --- | --- |
| 1 | 30 9 |
| 2 | 11 5 12 9 |
| 3 | 5 4 4 12 9 |
| 4 | 5 8 23 |
| 5 | 3 3 4 1 |
| 6 | 2 4 3 3 4 1 |
| 7 | 4 15 1 |
| 8 | 18 1 |
| 9 | 16 3 1 |
| 10 | 14 1 2 1 2 |
| 11 | 3 1 3 5 1 3 |
| 12 | 2 2 2 3 5 2 1 3 |
| 13 | 2 3 1 8 2 1 3 |
| 14 | 3 3 3 1 7 7 |
| 15 | 1 6 2 1 5 6 |
| 16 | 2 3 3 3 1 4 |
| 17 | 1 2 2 1 3 2 2 |
| 18 | 1 3 4 1 3 2 3 3 |
| 19 | 3 5 3 1 1 3 3 4 |
| 20 | 1 2 3 3 2 2 2 3 3 4 |
| 21 | 1 3 2 3 1 3 10 |
| 22 | 1 4 1 3 1 2 8 |
| 23 | 1 1 8 1 2 1 10 |
| 24 | 2 1 8 4 7 2 |
| 25 | 3 1 4 3 1 1 4 3 |
| 26 | 1 2 4 3 2 1 4 3 |
| 27 | 1 3 6 2 1 1 7 3 |
| 28 | 1 2 5 9 1 4 5 2 |
| 29 | 3 2 2 5 5 4 |
| 30 | 1 3 2 2 4 1 2 5 |
| 31 | 2 3 1 2 1 2 1 3 2 |
| 32 | 8 4 2 5 3 1 |
| 33 | 1 3 2 1 2 3 5 |
| 34 | 7 5 5 1 2 1 |
| 35 | 5 3 10 3 |
| 36 | 3 2 3 5 |
| 37 | 2 1 1 12 2 |
| 38 | 8 4 1 8 |
| 39 | 4 14 12 1 |
| 40 | 2 30 |

# C100 마치 눈앞에 있는 것처럼 생생해요

**난이도** ★★★☆☆

40×40

| 열 | 단서 |
|---|---|
| 1 | 12 7 19 |
| 2 | 5 6 12 6 4 |
| 3 | 10 2 6 4 3 |
| 4 | 10 3 5 4 3 |
| 5 | 5 4 6 5 3 |
| 6 | 15 10 |
| 7 | 2 21 |
| 8 | 4 6 12 5 |
| 9 | 2 2 10 5 3 4 |
| 10 | 1 2 1 3 3 3 9 2 1 |
| 11 | 1 2 2 2 2 2 7 2 2 |
| 12 | 2 3 2 2 6 6 |
| 13 | 7 2 2 2 3 9 |
| 14 | 5 1 2 2 2 12 |
| 15 | 2 2 2 2 2 1 10 |
| 16 | 7 2 2 2 1 3 9 |
| 17 | 5 2 2 2 1 3 6 2 |
| 18 | 2 1 2 2 1 1 3 1 2 |
| 19 | 4 2 2 2 3 1 1 |
| 20 | 2 2 2 2 1 1 |
| 21 | 3 2 2 2 1 |
| 22 | 5 2 2 2 1 |
| 23 | 5 3 3 2 4 2 |
| 24 | 2 7 1 1 3 1 |
| 25 | 4 5 2 2 1 5 |
| 26 | 2 4 2 5 2 5 2 |
| 27 | 1 2 2 9 3 6 3 |
| 28 | 4 3 4 2 4 4 2 |
| 29 | 2 6 4 4 3 1 |
| 30 | 6 2 4 3 4 1 |
| 31 | 7 2 7 |
| 32 | 8 2 3 5 |
| 33 | 8 2 3 1 4 |
| 34 | 8 4 2 |
| 35 | 4 2 4 2 3 2 |
| 36 | 7 5 2 4 3 |
| 37 | 2 3 2 3 1 3 8 |
| 38 | 1 2 3 3 4 2 1 4 3 |
| 39 | 2 6 9 5 2 |
| 40 | 17 3 2 |

| 행 | 단서 |
|---|---|
| 1 | 3 8 2 8 |
| 2 | 3 2 7 2 1 2 6 2 |
| 3 | 4 2 2 2 4 3 4 5 1 |
| 4 | 4 2 2 2 2 5 2 7 2 |
| 5 | 4 2 3 2 5 4 5 |
| 6 | 1 2 5 5 2 2 11 |
| 7 | 4 6 4 7 2 |
| 8 | 5 4 6 3 |
| 9 | 5 2 4 3 |
| 10 | 5 14 4 2 1 |
| 11 | 2 3 16 3 2 1 1 |
| 12 | 2 3 3 3 2 2 1 |
| 13 | 1 2 3 2 1 1 |
| 14 | 2 3 2 5 3 3 |
| 15 | 2 3 2 2 3 4 3 |
| 16 | 6 3 3 4 5 2 |
| 17 | 3 2 17 4 8 |
| 18 | 2 2 15 1 2 6 |
| 19 | 3 3 1 1 2 6 |
| 20 | 7 2 2 3 1 1 3 |
| 21 | 7 1 5 5 1 1 2 |
| 22 | 8 6 9 3 2 2 |
| 23 | 9 4 3 4 1 3 3 |
| 24 | 10 1 1 7 |
| 25 | 2 5 1 4 2 2 2 |
| 26 | 1 4 1 6 4 1 1 3 |
| 27 | 1 4 2 4 6 2 3 1 |
| 28 | 1 2 2 1 1 2 2 2 1 |
| 29 | 2 6 2 2 1 1 1 1 |
| 30 | 11 2 2 1 1 2 2 |
| 31 | 11 6 3 1 1 |
| 32 | 8 2 5 6 1 |
| 33 | 7 1 5 1 3 2 |
| 34 | 2 4 2 5 2 2 1 |
| 35 | 1 5 6 3 1 |
| 36 | 1 4 7 2 1 |
| 37 | 2 12 2 1 |
| 38 | 9 6 3 3 |
| 39 | 5 8 3 2 5 |
| 40 | 4 4 6 4 5 |

# C101 잠시 앉아서 쉬어요

난이도 ★★★☆☆

40×40

**Column clues (top to bottom)**

| Column | Clue |
|---|---|
| 1 | 1 8 6 11 |
| 2 | 1 3 21 9 |
| 3 | 1 3 1 9 9 3 |
| 4 | 6 10 10 |
| 5 | 9 7 3 1 3 |
| 6 | 3 5 5 3 2 1 8 |
| 7 | 2 1 3 7 4 2 1 9 |
| 8 | 3 3 7 2 9 6 |
| 9 | 6 5 1 1 5 |
| 10 | 3 4 1 1 1 1 3 |
| 11 | 4 2 1 1 1 2 |
| 12 | 6 4 3 1 1 2 1 1 |
| 13 | 2 2 3 1 1 2 1 6 1 |
| 14 | 2 2 4 4 5 8 |
| 15 | 1 1 6 2 1 3 2 2 |
| 16 | 1 2 2 1 2 1 1 1 1 1 |
| 17 | 1 4 5 2 1 2 1 1 |
| 18 | 1 1 3 2 2 3 1 8 1 |
| 19 | 2 2 4 1 2 3 2 3 |
| 20 | 2 2 7 3 2 |
| 21 | 10 2 6 2 |
| 22 | 9 2 6 1 2 2 |
| 23 | 13 7 1 4 |
| 24 | 7 5 1 4 3 |
| 25 | 6 5 1 2 3 3 |
| 26 | 5 2 1 2 1 2 6 |
| 27 | 5 2 1 1 2 1 2 3 |
| 28 | 4 1 2 1 1 1 3 2 1 |
| 29 | 5 3 2 2 2 1 1 |
| 30 | 5 2 1 5 2 3 1 1 |
| 31 | 3 2 3 4 9 1 |
| 32 | 4 1 2 2 3 4 9 |
| 33 | 10 2 4 1 3 1 1 |
| 34 | 7 2 1 2 2 1 |
| 35 | 6 2 2 1 1 |
| 36 | 1 2 2 9 1 |
| 37 | 2 5 2 2 2 1 |
| 38 | 4 2 4 7 |
| 39 | 5 4 7 |
| 40 | 5 5 |

**Row clues (left to right)**

| Row | Clue |
|---|---|
| 1 | 1 7 6 |
| 2 | 1 7 2 2 6 |
| 3 | 1 4 3 2 2 10 |
| 4 | 5 1 2 1 1 11 |
| 5 | 6 2 1 14 |
| 6 | 2 6 1 7 2 3 |
| 7 | 1 1 4 1 5 2 |
| 8 | 2 4 2 5 3 5 |
| 9 | 6 2 6 2 2 2 |
| 10 | 4 6 3 1 2 |
| 11 | 3 6 2 4 4 2 |
| 12 | 3 9 1 5 2 2 |
| 13 | 13 2 5 4 |
| 14 | 15 1 3 5 |
| 15 | 8 3 2 4 4 |
| 16 | 7 1 1 1 1 2 2 1 2 |
| 17 | 5 2 1 7 2 2 5 |
| 18 | 2 2 4 1 4 3 2 2 |
| 19 | 2 3 2 2 1 1 1 1 1 1 |
| 20 | 3 3 2 2 1 1 1 1 1 |
| 21 | 3 8 5 2 1 1 2 |
| 22 | 3 2 3 1 2 2 2 1 |
| 23 | 2 2 1 2 2 1 2 1 |
| 24 | 2 1 2 2 5 5 3 |
| 25 | 4 1 1 2 3 3 6 |
| 26 | 3 1 6 2 1 2 2 1 |
| 27 | 3 2 1 3 2 2 2 1 |
| 28 | 4 2 8 1 2 3 |
| 29 | 1 1 8 6 13 |
| 30 | 2 5 3 1 16 |
| 31 | 4 1 1 2 2 4 2 1 2 |
| 32 | 4 2 2 1 2 2 1 1 |
| 33 | 9 2 1 3 2 1 1 |
| 34 | 2 4 1 2 9 2 5 |
| 35 | 2 5 2 9 2 5 |
| 36 | 2 4 3 1 1 2 1 2 |
| 37 | 2 13 1 5 6 |
| 38 | 2 3 1 1 2 3 3 3 |
| 39 | 3 2 2 1 2 1 2 |
| 40 | 3 9 13 |

# C102 오늘 저녁은 이걸로 하자

난이도 ★★½☆☆

45×45

**Column clues** (left to right, each read top to bottom)

| Column | Clues |
|---|---|
| 1 | 3 |
| 2 | 2 3 |
| 3 | 4 15 3 |
| 4 | 8 6 3 7 |
| 5 | 16 5 6 |
| 6 | 15 5 9 |
| 7 | 7 5 4 9 |
| 8 | 8 1 1 13 |
| 9 | 15 1 11 |
| 10 | 1 6 1 11 |
| 11 | 1 10 1 1 13 |
| 12 | 1 1 5 1 4 1 14 |
| 13 | 1 1 4 2 1 1 1 1 15 |
| 14 | 1 1 1 1 3 3 1 6 1 4 |
| 15 | 1 1 11 3 3 5 1 1 |
| 16 | 1 1 1 1 3 4 1 1 1 1 1 1 |
| 17 | 1 1 1 1 2 2 1 1 1 1 1 1 |
| 18 | 1 1 1 1 2 3 2 1 1 1 1 3 1 |
| 19 | 1 1 1 1 2 1 4 1 1 1 1 1 1 1 |
| 20 | 1 1 1 1 2 1 3 3 1 1 1 1 1 |
| 21 | 1 1 7 1 2 2 1 1 1 1 1 |
| 22 | 1 1 1 1 2 1 4 2 1 5 1 1 1 |
| 23 | 1 1 2 1 2 3 2 1 1 1 1 |
| 24 | 1 1 5 1 1 2 2 1 1 1 1 1 1 |
| 25 | 1 1 2 2 1 1 1 2 2 1 1 1 1 1 |
| 26 | 1 1 1 2 3 3 4 1 1 3 1 |
| 27 | 1 1 2 2 2 1 2 2 1 1 1 1 |
| 28 | 1 1 5 4 1 2 5 1 1 |
| 29 | 1 1 2 1 1 2 1 1 1 |
| 30 | 1 31 1 1 |
| 31 | 1 2 2 3 4 1 1 |
| 32 | 4 13 10 3 1 |
| 33 | 5 1 1 1 1 1 1 1 1 1 1 9 |
| 34 | 2 1 1 1 1 1 1 1 1 1 1 1 1 |
| 35 | 2 1 1 2 1 1 1 1 7 1 1 |
| 36 | 5 1 1 1 1 4 1 1 1 1 1 1 |
| 37 | 2 1 1 1 1 1 1 1 1 1 1 1 1 1 |
| 38 | 5 5 1 1 1 1 6 1 1 |
| 39 | 2 1 1 1 1 4 1 1 1 1 1 1 |
| 40 | 2 1 1 1 1 1 1 1 1 1 1 1 1 |
| 41 | 2 1 1 1 1 1 1 1 1 1 1 1 1 |
| 42 | 1 33 1 |
| 43 | 1 1 |
| 44 | 1 2 |
| 45 | 34 |

**Row clues** (top to bottom, each read left to right)

| Row | Clues |
|---|---|
| 1 | 20 11 |
| 2 | 2 11 2 |
| 3 | 1 18 2 1 1 1 1 |
| 4 | 1 1 1 2 1 1 1 1 |
| 5 | 1 1 9 3 13 1 |
| 6 | 1 1 1 1 1 1 2 1 1 |
| 7 | 1 1 9 1 1 1 11 1 |
| 8 | 6 1 1 1 1 1 1 1 1 1 |
| 9 | 11 1 1 1 1 1 3 1 1 |
| 10 | 29 1 1 1 1 |
| 11 | 39 1 |
| 12 | 11 2 1 1 1 1 |
| 13 | 9 1 9 1 11 1 |
| 14 | 7 1 1 1 1 1 1 1 1 |
| 15 | 4 2 1 1 1 5 1 4 3 1 |
| 16 | 3 1 1 1 1 1 1 1 4 1 1 |
| 17 | 3 1 2 2 1 1 1 1 1 1 1 1 |
| 18 | 3 10 2 3 1 1 1 1 1 |
| 19 | 5 9 1 1 1 13 1 |
| 20 | 5 3 3 3 2 1 1 |
| 21 | 5 1 1 2 1 1 |
| 22 | 7 1 6 3 2 11 1 |
| 23 | 5 3 1 3 2 2 1 1 1 1 |
| 24 | 4 3 2 3 1 3 1 1 |
| 25 | 1 4 1 1 1 3 1 1 |
| 26 | 2 6 4 5 1 |
| 27 | 3 7 1 4 1 1 |
| 28 | 3 2 1 1 1 5 1 |
| 29 | 1 2 3 2 5 1 1 1 1 1 1 |
| 30 | 1 2 6 1 1 1 1 1 1 1 1 |
| 31 | 1 2 3 1 1 13 1 |
| 32 | 1 2 4 1 1 2 1 1 |
| 33 | 1 3 5 1 1 2 1 1 |
| 34 | 1 2 21 1 1 |
| 35 | 1 8 11 1 |
| 36 | 1 6 1 1 |
| 37 | 1 39 |
| 38 | 11 1 1 1 |
| 39 | 11 9 1 |
| 40 | 12 1 |
| 41 | 1 10 1 |
| 42 | 1 10 1 |
| 43 | 1 10 1 |
| 44 | 1 28 |
| 45 | 1 9 1 |

# C103 이랴~!

난이도 ★★⯪☆☆

45×45

| | | | | | | | | | | |
|---|---|---|---|---|---|---|---|---|---|---|
| 1 | | | | | | 2 | 2 | 2 | 1 | 2 |
| 2 | | | | | 2 | 4 | 3 | 2 | 1 | 2 |
| 3 | | | | | | 2 | 13 | 2 | 1 | 2 |
| 4 | | | | | 4 | 14 | 2 | 1 | 2 | 1 |
| 5 | | | | | 5 | 13 | 1 | 2 | 1 | 5 |
| 6 | | | | | 5 | 11 | 1 | 2 | 1 | 6 |
| 7 | | | | | | | 6 | 5 | 1 | 11 |
| 8 | | | | | | | | 5 | 11 | 12 |
| 9 | | | | | | | | 4 | 4 | 12 |
| 10 | | | | | | | | 5 | 2 | 5 |
| 11 | | | | | | | | 6 | 1 | 6 |
| 12 | | | | | | | | 8 | 1 | 3 |
| 13 | | | | | | | | 9 | 1 | 3 |
| 14 | | | | | | 10 | 1 | 4 | 4 | 3 |
| 15 | | | | | | | 9 | 5 | 7 | 4 |
| 16 | | | | 8 | 1 | 3 | 2 | 2 | 2 | 3 |
| 17 | | | | 1 | 2 | 7 | 1 | 4 | 2 | 2 |
| 18 | | | | 5 | 3 | 1 | 2 | 1 | 8 | 2 |
| 19 | | | 7 | 2 | 1 | 1 | 5 | 1 | 1 | 2 |
| 20 | | | | | 4 | 3 | 1 | 1 | 15 | 2 |
| 21 | | | 9 | 1 | 1 | 3 | 5 | 2 | 2 | 2 |
| 22 | 3 | 2 | 3 | 1 | 8 | 2 | 2 | 2 | 1 | |
| 23 | | | 3 | 1 | 4 | 7 | 1 | 2 | 2 | 4 |
| 24 | | 3 | 3 | 1 | 2 | 7 | 4 | 2 | 2 | 5 |
| 25 | 4 | 2 | 3 | 1 | 5 | 1 | 2 | 6 | 7 | 1 |
| 26 | | | | 6 | 1 | 1 | 1 | 1 | 11 | 1 |
| 27 | | | 1 | 2 | 1 | 1 | 1 | 3 | 7 | 1 |
| 28 | | | | | 2 | 1 | 4 | 6 | 3 | 1 |
| 29 | | | | | | 3 | 1 | 4 | 5 | 1 |
| 30 | | | | | | 3 | 2 | 6 | 1 | 3 |
| 31 | | | | | | | 3 | 12 | 6 | 2 |
| 32 | | | | | | 2 | 5 | 5 | 12 | 3 |
| 33 | | | | 1 | 3 | 3 | 5 | 2 | 2 | 4 |
| 34 | | | | 1 | 3 | 5 | 1 | 2 | 2 | 3 |
| 35 | | | | 1 | 4 | 5 | 7 | 1 | 2 | 2 |
| 36 | 2 | 1 | 5 | 5 | 1 | 2 | 3 | 2 | 2 | 1 |
| 37 | | 2 | 2 | 1 | 5 | 1 | 2 | 2 | 10 | 1 |
| 38 | | 3 | 2 | 1 | 2 | 4 | 3 | 2 | 1 | 1 |
| 39 | | | 3 | 2 | 2 | 2 | 2 | 6 | 10 | 1 |
| 40 | | 2 | 3 | 1 | 2 | 4 | 4 | 2 | 2 | 1 |
| 41 | 1 | 2 | 1 | 1 | 2 | 2 | 3 | 2 | 2 | 1 |
| 42 | 1 | 1 | 3 | 2 | 1 | 1 | 4 | 2 | 2 | 2 |
| 43 | | 1 | 3 | 4 | 2 | 3 | 5 | 2 | 2 | 2 |
| 44 | | | | 2 | 4 | 2 | 6 | 2 | 2 | 2 |
| 45 | | | | | 2 | 5 | 6 | 2 | 2 | 2 |

| | | | | | | | | | |
|---|---|---|---|---|---|---|---|---|---|
| 1 | | | | | | | 6 | 7 | 19 |
| 2 | | | | 1 | 6 | 9 | 5 | 5 | 2 |
| 3 | | | | | 3 | 7 | 10 | 3 | 2 |
| 4 | | | | | | | 16 | 4 | 4 |
| 5 | | | | | | 16 | 2 | 1 | 1 |
| 6 | | | | | | 13 | 2 | 1 | 1 |
| 7 | | | | | 12 | 3 | 2 | 3 | 3 |
| 8 | 2 | 6 | 3 | 2 | 1 | 2 | 2 | 1 | |
| 9 | | | | 1 | 3 | 6 | 2 | 3 | 1 |
| 10 | | | | | 1 | 2 | 2 | 5 | 4 |
| 11 | | | | | 1 | 1 | 3 | 2 | 1 |
| 12 | | | | 1 | 1 | 4 | 4 | 1 | 5 |
| 13 | | | | | 1 | 1 | 5 | 4 | 1 |
| 14 | | | | 1 | 2 | 1 | 2 | 3 | 1 |
| 15 | | | 1 | 7 | 1 | 1 | 1 | 2 | 1 |
| 16 | | | 1 | 1 | 3 | 1 | 1 | 2 | 1 |
| 17 | | | | | 8 | 4 | 1 | 2 | 1 |
| 18 | | | | | 5 | 8 | 2 | 2 | 4 |
| 19 | 3 | 3 | 1 | 2 | 1 | 1 | 2 | 1 | 7 |
| 20 | 7 | 1 | 5 | 1 | 1 | 2 | 3 | 2 | 1 |
| 21 | 7 | 1 | 4 | 1 | 3 | 1 | 3 | 2 | 1 |
| 22 | | 7 | 2 | 4 | 2 | 2 | 2 | 4 | 3 |
| 23 | | 8 | 1 | 3 | 1 | 2 | 1 | 3 | 4 |
| 24 | | | | 5 | 1 | 12 | 2 | 3 | 1 |
| 25 | | | | | 5 | 1 | 6 | 4 | 2 |
| 26 | | | | | | 5 | 1 | 7 | 7 |
| 27 | | | | 4 | 1 | 2 | 4 | 5 | 2 |
| 28 | | | | | 4 | 1 | 3 | 3 | 3 |
| 29 | | 4 | 1 | 1 | 2 | 1 | 2 | 4 | 4 |
| 30 | | | 3 | 2 | 1 | 2 | 2 | 2 | 10 |
| 31 | | | 4 | 1 | 7 | 2 | 3 | 2 | 7 |
| 32 | | | | 4 | 2 | 4 | 7 | 8 | 7 |
| 33 | | 9 | 2 | 1 | 1 | 2 | 2 | 1 | 1 |
| 34 | | | | | 3 | 5 | 7 | 7 | 7 |
| 35 | | | | | 10 | 5 | 8 | 7 | 7 |
| 36 | | 10 | 2 | 1 | 1 | 2 | 2 | 1 | 1 |
| 37 | | | | | 4 | 4 | 9 | 6 | 7 |
| 38 | | | | | | | 11 | 15 | 14 |
| 39 | | | | | 3 | 1 | 1 | 5 | 1 |
| 40 | | | | 4 | 1 | 1 | 4 | 1 | 1 |
| 41 | | | | 5 | 1 | 1 | 5 | 1 | 1 |
| 42 | | | | 5 | 1 | 1 | 5 | 1 | 1 |
| 43 | | | | | 5 | 6 | 4 | 2 | 3 |
| 44 | | | 3 | 3 | 5 | 4 | 2 | 5 | 4 |
| 45 | | | | | 7 | 5 | 5 | 10 | 10 |

# C104 + C105 담아가실 봉투 필요하세요?

45×45

Column clues (left to right, read top to bottom):

| Column | Clues |
|---|---|
| 1 | 3 6 2 5 1 2 |
| 2 | 5 1 2 2 2 2 4 2 |
| 3 | 7 1 2 2 1 3 1 6 1 2 |
| 4 | 4 2 1 8 1 3 1 1 1 1 2 |
| 5 | 2 2 6 2 1 3 1 1 1 1 2 |
| 6 | 2 1 2 2 1 3 4 1 1 2 |
| 7 | 2 1 2 2 4 3 1 1 1 1 2 |
| 8 | 2 1 10 1 3 4 1 1 2 |
| 9 | 2 6 2 1 3 4 1 1 2 |
| 10 | 2 1 2 2 1 3 4 1 1 2 |
| 11 | 2 1 2 3 1 3 1 6 1 2 |
| 12 | 2 1 6 5 3 1 1 1 1 2 |
| 13 | 2 3 2 1 1 3 5 1 1 2 |
| 14 | 9 1 2 2 2 1 1 2 |
| 15 | 10 2 5 2 1 1 2 |
| 16 | 5 8 3 1 2 |
| 17 | 8 1 4 1 1 2 |
| 18 | 4 1 1 3 1 1 2 |
| 19 | 4 2 2 1 3 4 2 |
| 20 | 4 2 1 1 3 1 2 |
| 21 | 5 3 1 1 3 1 2 |
| 22 | 5 4 1 2 12 2 |
| 23 | 4 2 5 6 1 2 |
| 24 | 4 2 9 1 2 |
| 25 | 10 2 1 1 1 2 |
| 26 | 4 2 1 1 1 1 2 |
| 27 | 2 1 2 4 1 1 3 2 |
| 28 | 2 1 7 21 2 |
| 29 | 2 6 2 2 6 2 |
| 30 | 2 1 2 3 2 3 1 2 |
| 31 | 3 1 2 4 1 3 1 2 |
| 32 | 5 1 8 2 1 3 1 2 |
| 33 | 23 14 2 |
| 34 | 5 1 1 5 2 |
| 35 | 2 1 1 3 2 |
| 36 | 1 1 1 2 |
| 37 | 3 5 2 12 |
| 38 | 5 2 3 2 2 |
| 39 | 5 2 1 3 7 2 |
| 40 | 2 4 3 1 1 1 1 1 2 |
| 41 | 2 11 1 1 1 1 2 |
| 42 | 2 6 1 3 1 1 2 |
| 43 | 2 2 1 1 2 1 1 2 |
| 44 | 2 2 2 2 12 |
| 45 | 3 4 1 2 |

Row clues (top to bottom, read left to right):

| Row | Clues |
|---|---|
| 1 | 3 3 |
| 2 | 3 3 |
| 3 | 3 3 |
| 4 | 3 6 3 |
| 5 | 3 10 4 |
| 6 | 33 |
| 7 | 33 |
| 8 | 4 6 1 |
| 9 | 17 9 |
| 10 | 1 1 1 3 1 1 1 1 1 1 |
| 11 | 1 1 1 3 1 1 2 1 1 1 |
| 12 | 1 1 1 2 1 1 1 1 |
| 13 | 16 3 9 |
| 14 | 16 3 9 |
| 15 | 1 1 1 2 1 2 1 2 |
| 16 | 1 1 1 1 2 2 1 2 7 |
| 17 | 1 1 5 5 1 2 9 |
| 18 | 1 1 3 2 3 1 2 3 1 |
| 19 | 11 2 11 9 |
| 20 | 9 1 3 3 1 5 7 |
| 21 | 1 1 1 4 1 1 2 1 3 |
| 22 | 2 1 2 1 2 3 4 |
| 23 | 1 1 1 1 1 8 4 |
| 24 | 1 1 2 6 2 2 2 |
| 25 | 13 1 2 1 1 2 1 |
| 26 | 2 2 2 6 1 2 1 |
| 27 | 1 11 1 1 1 2 2 2 2 |
| 28 | 1 11 1 2 1 3 1 4 |
| 29 | 1 11 1 1 1 1 4 5 |
| 30 | 2 2 2 1 5 |
| 31 | 13 1 1 1 4 |
| 32 | 1 3 1 1 1 1 1 1 |
| 33 | 1 3 1 1 1 1 6 |
| 34 | 11 1 1 1 2 2 |
| 35 | 1 1 2 1 1 1 1 1 |
| 36 | 1 1 2 1 1 4 1 6 |
| 37 | 1 1 2 1 6 1 1 1 |
| 38 | 1 1 1 1 7 1 1 1 |
| 39 | 18 1 3 3 1 1 1 |
| 40 | 1 1 1 3 3 1 1 1 |
| 41 | 1 11 5 1 2 |
| 42 | 19 7 1 6 |
| 43 | 1 1 |
| 44 | 45 |
| 45 | 45 |

+

난이도 ★★★☆☆

45×45

33 2
9 1 1 1 1 1 1 1 1 1 1 1 2
9 1 1 1 1 1 5 1 1 1 1 2
2 5 1 6 3 5 1 2
2 1 1 1 4 2 2 1 1 1 2
2 1 1 1 1 1 5 2 1 1 1 2
2 5 1 1 1 1 1 2 5 1 2
2 1 1 1 4 1 1 1 1 1 1 2
2 1 1 1 7 1 1 1 1 2
2 5 1 1 3 1 5 1 2
9 1 1 1 1 1 2 5 1 1 2
9 1 1 1 1 1 5 1 1 1 2
21 8 2
7 15 7 2
3 2 2 2 2 1 2
4 1 3 1 1 1 2
5 1 9 2 1 2
7 1 4 6 3 1 2
8 3 6 1 7
11 1 2 4 2 1
7 2 1 3 2 2
10 2 3 3 1
16 1 2 4 1
12 3 4 1
8 2 3 2 1
5 2 5 1 1
7 4 7 1
7 1 4 4 1
5 3 1 4 1 1
6 1 4 1 5 2
2 1 1 5 1 2 1
2 1 1 3 1 1 6 3
2 1 1 3 1 1 2 3 8
6 1 5 1 3 1 10 3
1 1 4 1 2 1 1 5 1
6 1 3 1 5 1 3 1 1
2 1 1 1 1 1 1 3 1 1
2 1 1 3 1 5 1 2 1 1
2 1 1 4 1 2 1 1 1 3 1
6 1 5 1 3 1 1 7 1
1 1 3 1 1 2 1 1 3 1 1
6 1 3 1 1 5 1 3 1 1
2 1 1 5 1 1 1 3 1 1
2 1 1 4 1 5 1 2 1 1
2 1 1 3 1 2 1 1 7 1

2 2 1 1
2 2 1 1 3 3 3
2 2 1 1 3 3 3
2 2 1 1 1 1 1 1 1
2 2 1 1 1 1 1 1 1
2 2 8 1 1 1 1 1
2 2 11 3 1 1 1 1 1
11 17 1 1 1 1
45
1 2 13
14 28
1 1 1 1 4 2 5 3
1 1 1 1 3 1 4 2
1 1 1 1 1 5 2 2
14 6 4 4
1 4 2 6 6
16 1 3 3 3 3
1 2 4 4 3 3 3 3
1 4 2 4 21
1 1 1 2 3 2
1 4 2 1 4 19
5 7 1 6 2
1 1 1 2 2 3 3 1
4 9 1 2 2 2 1 1
1 1 1 2 2 1 2 2 1 3 3 1
4 1 6 3 2 1 5 5 2
1 4 1 4 3 2 2 1 1 1 1 1
1 1 5 3 3 2 1 1 1 1 1 1
1 1 4 3 1 2 1 1 1 1 1 1
4 2 4 2 2 16
1 4 1 2 11
11 2 13
1 1 2 1
13 2 1
1 1 1 1 3 2 1 4 3
1 1 1 1 5 2 1 3 1 4
1 1 1 1 2 4 5 4 1
14 1 4 3 1
1 2 2 3 3 1
1 2 1 4 2 1
21 16
1 10 2
1 13
19 2
19 1

# C106 나만의 아지트예요

난이도 ★★★☆☆

45×45

**세로 (Columns, top to bottom)**

| Column | Clues |
|---|---|
| 1 | 7 6 9 |
| 2 | 9 2 4 9 |
| 3 | 2 2 4 4 8 |
| 4 | 3 4 1 2 3 7 |
| 5 | 2 4 2 2 4 8 |
| 6 | 2 1 2 1 1 4 7 |
| 7 | 2 1 4 2 2 3 3 2 1 |
| 8 | 3 5 2 1 1 1 4 7 2 |
| 9 | 20 6 10 5 |
| 10 | 6 11 2 2 5 |
| 11 | 3 4 3 1 5 2 2 2 3 1 |
| 12 | 3 1 1 1 8 5 2 2 2 2 1 |
| 13 | 2 1 1 2 1 1 2 2 2 2 2 1 |
| 14 | 3 5 2 1 1 2 2 2 2 2 1 |
| 15 | 3 1 1 1 8 1 3 2 2 6 1 |
| 16 | 3 1 1 1 2 1 1 15 2 2 |
| 17 | 5 4 2 1 1 2 2 2 2 6 |
| 18 | 2 3 8 2 2 12 1 |
| 19 | 3 3 2 1 8 4 1 |
| 20 | 1 1 4 1 1 1 2 |
| 21 | 1 1 13 1 2 3 |
| 22 | 1 1 3 2 1 2 3 |
| 23 | 1 1 1 6 3 |
| 24 | 1 2 1 6 2 |
| 25 | 2 2 1 3 6 2 |
| 26 | 2 2 1 1 3 5 2 |
| 27 | 2 2 1 2 6 4 2 |
| 28 | 2 2 1 2 2 5 1 |
| 29 | 5 2 6 4 1 |
| 30 | 5 9 2 1 |
| 31 | 2 2 9 2 1 |
| 32 | 3 5 4 3 8 4 |
| 33 | 2 2 2 4 2 6 4 |
| 34 | 3 3 4 4 3 4 4 |
| 35 | 7 3 5 5 3 4 |
| 36 | 5 4 2 2 6 3 3 3 |
| 37 | 4 2 2 3 2 4 5 3 3 |
| 38 | 2 3 2 3 2 3 3 3 6 |
| 39 | 1 2 2 3 12 2 6 |
| 40 | 1 1 3 2 2 3 3 3 6 |
| 41 | 2 3 5 4 5 7 |
| 42 | 1 2 4 3 8 |
| 43 | 2 1 6 6 8 |
| 44 | 2 7 7 8 |
| 45 | 4 3 4 8 |

**가로 (Rows, left to right)**

| Row | Clues |
|---|---|
| 1 | 4 8 4 |
| 2 | 6 4 3 11 |
| 3 | 2 17 4 5 |
| 4 | 1 4 4 2 3 4 |
| 5 | 2 3 3 2 3 4 |
| 6 | 3 2 3 2 8 |
| 7 | 2 3 5 3 2 4 3 |
| 8 | 4 3 1 1 1 3 2 3 2 |
| 9 | 4 3 7 3 2 2 2 |
| 10 | 2 1 4 1 1 1 3 3 3 1 |
| 11 | 2 4 7 12 2 2 1 1 |
| 12 | 3 1 1 5 2 1 2 2 |
| 13 | 5 1 9 1 3 10 1 2 |
| 14 | 2 5 9 1 1 5 1 2 2 2 |
| 15 | 3 3 2 1 1 1 2 5 1 2 3 |
| 16 | 4 1 1 1 1 1 1 6 2 3 |
| 17 | 5 1 1 1 1 1 2 4 2 5 |
| 18 | 2 3 1 1 1 1 2 2 2 6 |
| 19 | 2 1 1 1 1 8 2 3 1 1 |
| 20 | 1 21 7 1 2 |
| 21 | 1 1 1 5 6 2 2 |
| 22 | 2 21 4 2 3 |
| 23 | 3 4 2 4 2 3 3 |
| 24 | 6 5 7 1 4 3 |
| 25 | 18 2 2 1 3 |
| 26 | 17 4 1 4 |
| 27 | 6 2 1 11 |
| 28 | 1 1 1 11 |
| 29 | 11 1 7 |
| 30 | 10 1 1 |
| 31 | 1 1 2 1 1 |
| 32 | 1 1 2 1 3 |
| 33 | 11 2 5 |
| 34 | 11 2 3 3 |
| 35 | 1 1 1 1 2 2 2 |
| 36 | 2 1 1 2 2 3 3 |
| 37 | 2 11 2 2 5 |
| 38 | 3 2 11 3 4 3 4 |
| 39 | 6 1 2 1 2 4 5 |
| 40 | 6 1 1 2 2 11 |
| 41 | 6 10 2 9 |
| 42 | 17 6 8 |
| 43 | 7 3 1 3 15 |
| 44 | 6 3 2 8 14 |
| 45 | 5 39 |

# C107 이것 좀 보고 가세요~

난이도 ★★★☆☆

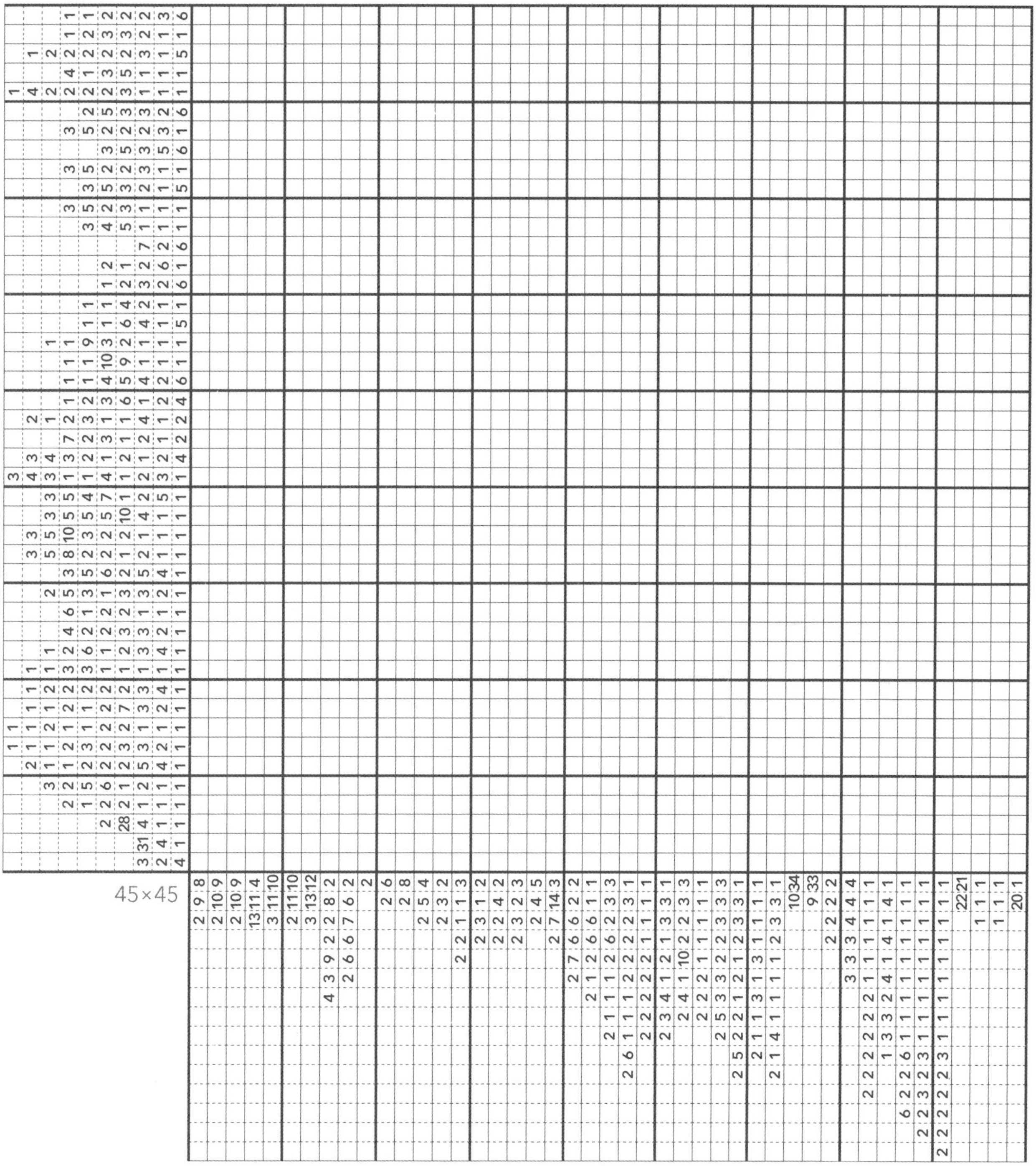

45×45

# C108 아침 점심 저녁 식후 30분에 드시면 됩니다

난이도 ★★★☆☆

45×45

**Column clues (top to bottom)**

| Column | Clues |
|---|---|
| 1 | 7 1 2 1 1 10 3 3 |
| 2 | 2 1 1 1 6 1 6 4 3 3 |
| 3 | 2 5 1 1 1 5 3 2 3 |
| 4 | 2 1 1 6 1 4 1 3 3 |
| 5 | 7 1 2 1 5 1 5 3 |
| 6 | 1 1 2 6 1 3 2 3 |
| 7 | 19 4 1 2 3 |
| 8 | 2 1 13 1 1 4 3 |
| 9 | 2 18 1 7 3 |
| 10 | 2 14 4 1 7 3 |
| 11 | 10 2 1 2 2 1 2 3 |
| 12 | 9 5 1 3 1 2 3 |
| 13 | 12 3 5 1 2 4 |
| 14 | 2 7 5 4 1 2 4 |
| 15 | 2 5 9 5 6 |
| 16 | 2 5 2 2 1 12 3 5 |
| 17 | 6 2 6 2 5 |
| 18 | 2 2 3 1 3 2 1 |
| 19 | 7 2 5 2 2 2 1 |
| 20 | 2 1 17 2 3 2 |
| 21 | 2 11 3 2 1 2 |
| 22 | 2 1 1 1 2 5 5 |
| 23 | 7 1 1 3 5 1 3 |
| 24 | 1 1 1 1 3 3 4 |
| 25 | 21 3 2 2 |
| 26 | 4 4 2 |
| 27 | 2 2 2 |
| 28 | 24 2 7 |
| 29 | 1 1 1 1 9 3 2 |
| 30 | 4 1 1 1 3 2 2 3 |
| 31 | 1 1 1 1 1 3 1 2 1 2 |
| 32 | 4 1 1 2 1 1 3 1 2 1 4 |
| 33 | 1 1 7 2 1 2 3 3 4 |
| 34 | 1 1 2 2 1 2 1 2 1 3 4 |
| 35 | 1 1 4 1 2 1 2 3 1 1 4 |
| 36 | 1 7 1 2 2 1 1 4 |
| 37 | 1 1 7 8 1 2 4 |
| 38 | 1 1 8 1 1 12 2 3 |
| 39 | 1 1 6 2 1 12 5 |
| 40 | 4 7 4 1 5 5 |
| 41 | 1 13 1 10 |
| 42 | 19 9 |
| 43 | 2 10 1 2 7 |
| 44 | 2 1 6 1 1 3 8 |
| 45 | 6 1 2 1 1 10 2 |

**Row clues (left to right)**

| Row | Clues |
|---|---|
| 1 | 3 3 3 3 1 1 |
| 2 | 5 5 5 5 1 1 9 2 |
| 3 | 1 1 1 1 1 1 1 1 1 1 1 1 4 |
| 4 | 3 1 3 7 3 1 1 1 1 1 1 1 |
| 5 | 1 1 1 1 11 1 1 1 1 13 1 |
| 6 | 1 1 1 1 13 1 1 1 1 1 1 1 |
| 7 | 1 1 1 11 3 1 1 1 1 8 1 |
| 8 | 16 7 18 |
| 9 | 8 2 1 1 11 |
| 10 | 14 1 7 6 11 |
| 11 | 7 1 3 1 1 1 9 |
| 12 | 2 7 2 1 2 1 1 3 8 |
| 13 | 2 7 1 3 2 1 1 2 2 6 |
| 14 | 1 1 5 2 3 1 1 2 1 5 |
| 15 | 1 1 6 3 1 1 1 5 |
| 16 | 1 1 5 1 5 1 1 3 5 |
| 17 | 12 9 6 1 7 |
| 18 | 5 1 1 3 1 1 1 2 3 |
| 19 | 9 2 2 6 10 5 |
| 20 | 3 1 5 1 2 1 1 1 1 |
| 21 | 2 2 2 5 1 4 1 9 |
| 22 | 3 1 2 3 2 1 1 1 5 2 |
| 23 | 5 1 3 3 2 2 1 2 2 2 2 |
| 24 | 4 1 1 3 1 1 4 1 2 2 |
| 25 | 4 1 1 2 2 1 1 1 2 3 1 |
| 26 | 13 2 2 1 1 1 2 1 |
| 27 | 1 2 2 1 3 4 2 1 |
| 28 | 1 2 4 1 1 3 1 2 1 |
| 29 | 1 2 2 1 2 2 2 2 1 |
| 30 | 2 2 1 1 1 1 1 2 1 |
| 31 | 1 2 3 2 2 2 2 1 |
| 32 | 1 2 2 1 5 2 2 |
| 33 | 2 5 2 2 1 1 2 1 |
| 34 | 1 1 2 8 3 9 1 |
| 35 | 4 10 1 2 2 2 2 1 |
| 36 | 1 3 1 3 4 4 1 |
| 37 | 5 10 11 2 2 3 2 |
| 38 | 29 7 3 2 |
| 39 | 2 7 2 1 2 4 |
| 40 | 4 1 3 |
| 41 | 16 3 5 |
| 42 | 15 15 |
| 43 | 14 14 |
| 44 | 12 |
| 45 | 6 5 |

# D109 수술실 안에서 환자의 상태를 계속 확인해요

난이도 ★★★☆☆

40×50

| 열 | 가로 열 힌트 (위→아래) |
|---|---|
| 1 | 3 1 9 1 22 |
| 2 | 4 1 9 7 9 |
| 3 | 2 1 9 1 3 2 3 |
| 4 | 2 11 2 3 2 2 |
| 5 | 2 2 1 11 3 6 1 2 |
| 6 | 2 2 1 2 2 2 3 1 2 |
| 7 | 2 1 5 3 2 1 3 2 1 2 |
| 8 | 4 6 7 3 3 1 2 |
| 9 | 2 1 6 2 3 2 3 1 1 1 2 |
| 10 | 2 2 6 1 3 1 1 1 2 |
| 11 | 2 11 1 5 2 1 2 |
| 12 | 2 3 1 2 1 2 2 |
| 13 | 2 1 2 2 4 2 |
| 14 | 27 2 1 2 3 |
| 15 | 27 2 1 2 2 3 |
| 16 | 2 1 1 2 3 9 |
| 17 | 2 9 2 2 2 3 9 |
| 18 | 2 1 1 2 1 5 4 7 |
| 19 | 2 2 1 3 1 7 1 4 |
| 20 | 2 1 1 5 5 1 1 2 2 3 |
| 21 | 9 1 2 6 1 1 3 3 |
| 22 | 1 1 2 1 2 4 1 1 2 2 |
| 23 | 2 1 1 1 1 1 1 4 4 2 |
| 24 | 1 1 2 1 1 2 1 6 2 |
| 25 | 1 3 1 1 6 1 1 3 2 |
| 26 | 1 7 5 1 5 5 |
| 27 | 1 2 4 1 1 2 1 3 |
| 28 | 1 3 1 2 7 1 1 2 |
| 29 | 1 7 1 1 1 1 1 |
| 30 | 1 7 2 1 1 1 1 |
| 31 | 1 8 1 1 1 1 1 |
| 32 | 2 9 1 2 1 1 |
| 33 | 3 6 1 6 1 1 |
| 34 | 7 2 5 1 1 1 1 |
| 35 | 8 2 1 1 1 |
| 36 | 2 4 1 1 2 1 |
| 37 | 1 6 9 3 1 1 |
| 38 | 1 6 3 5 5 1 |
| 39 | 1 6 1 1 6 1 1 1 |
| 40 | 1 6 1 1 6 1 1 1 |

| 행 | 세로 행 힌트 (왼쪽→오른쪽) |
|---|---|
| 1 | 10 |
| 2 | 22 2 |
| 3 | 21 1 |
| 4 | 2 1 2 1 2 |
| 5 | 2 6 2 3 1 |
| 6 | 3 2 2 3 1 1 |
| 7 | 1 1 2 1 11 1 |
| 8 | 1 1 2 5 10 |
| 9 | 8 2 1 3 2 7 |
| 10 | 1 5 2 1 3 1 6 5 |
| 11 | 1 5 2 1 1 3 5 2 |
| 12 | 1 5 2 1 5 1 6 1 4 |
| 13 | 1 5 2 1 1 2 5 1 4 |
| 14 | 1 4 2 2 2 1 2 1 4 |
| 15 | 4 1 2 2 2 1 1 1 4 |
| 16 | 3 3 2 2 6 6 4 |
| 17 | 3 5 2 2 1 3 2 4 |
| 18 | 3 1 2 2 1 3 2 |
| 19 | 3 1 2 2 1 1 5 |
| 20 | 3 1 1 2 2 2 1 1 3 |
| 21 | 3 1 1 2 1 1 1 1 5 |
| 22 | 3 1 1 2 1 1 1 1 1 |
| 23 | 3 1 2 2 1 1 1 1 4 |
| 24 | 3 1 1 2 5 7 4 |
| 25 | 3 1 2 2 6 4 1 4 |
| 26 | 2 1 4 2 1 3 4 |
| 27 | 4 3 2 5 1 6 |
| 28 | 1 8 1 2 |
| 29 | 7 2 4 4 6 |
| 30 | 8 1 7 7 4 |
| 31 | 5 6 3 1 1 2 |
| 32 | 2 4 1 5 1 1 1 1 |
| 33 | 2 2 2 3 2 16 1 |
| 34 | 1 1 1 1 2 2 2 5 |
| 35 | 1 1 1 1 10 |
| 36 | 1 1 1 1 3 2 |
| 37 | 1 2 2 1 |
| 38 | 1 3 1 1 |
| 39 | 1 3 2 |
| 40 | 1 2 1 |
| 41 | 1 1 3 1 |
| 42 | 2 3 5 1 |
| 43 | 3 5 1 |
| 44 | 4 2 3 2 |
| 45 | 2 9 3 1 |
| 46 | 2 3 2 |
| 47 | 2 4 1 |
| 48 | 3 8 2 |
| 49 | 28 |
| 50 | 40 |

# D110 아 해보세요~

난이도 ★★★½☆

40×50

Column clues (left to right, each read top to bottom):

| |
|---|
| 3 5 6 2 |
| 3 6 10 4 2 |
| 3 9 3 3 3 2 2 |
| 3 5 3 2 4 4 3 6 |
| 3 7 2 2 7 3 3 2 |
| 3 7 2 1 5 3 2 1 |
| 3 4 1 1 4 8 1 |
| 3 4 5 4 5 3 1 1 |
| 3 4 2 2 1 3 3 2 12 1 |
| 3 4 2 4 2 1 3 2 4 2 1 |
| 3 4 1 3 1 2 1 2 8 2 |
| 3 2 1 1 6 1 2 1 1 6 |
| 3 3 3 1 2 1 4 1 1 2 |
| 3 4 4 5 1 6 1 1 |
| 3 4 2 5 2 2 5 8 1 |
| 3 4 1 3 9 1 1 1 3 |
| 3 4 5 1 1 2 1 2 |
| 5 6 3 1 2 11 2 2 |
| 5 8 2 2 4 3 2 2 3 |
| 4 7 1 1 1 6 8 |
| 4 1 1 2 11 |
| 5 4 2 1 2 1 3 |
| 2 2 2 4 1 1 1 2 |
| 1 4 3 1 1 1 1 1 2 |
| 2 2 1 2 1 1 2 2 1 2 |
| 6 2 1 2 1 3 1 1 5 |
| 2 2 1 1 3 2 1 1 9 2 |
| 3 3 2 1 2 7 2 4 |
| 3 3 1 2 3 2 2 9 |
| 3 8 1 5 2 1 3 2 2 |
| 3 5 3 3 1 2 5 2 4 |
| 3 6 1 3 2 2 1 3 2 1 2 |
| 3 3 2 1 1 2 1 1 10 1 |
| 2 4 2 2 1 2 1 1 10 1 |
| 2 10 1 1 1 1 10 1 |
| 1 12 1 2 3 2 1 1 |
| 9 2 3 3 2 1 2 |
| 5 2 2 3 2 4 |
| 4 5 3 2 2 |
| 14 4 2 |

Row clues (top to bottom, each read left to right):

| |
|---|
| 3 3 |
| 3 2 2 8 |
| 20 1 11 |
| 20 1 8 1 |
| 19 1 1 3 |
| 2 14 |
| 16 |
| 1 11 |
| 9 1 1 3 5 |
| 13 1 1 3 4 |
| 7 6 1 3 1 3 |
| 8 6 6 1 4 |
| 4 4 1 2 4 |
| 4 2 3 3 2 3 2 |
| 4 2 4 3 2 2 1 |
| 4 2 2 4 4 |
| 2 1 6 3 2 3 2 |
| 3 2 2 4 3 2 |
| 5 8 5 5 1 |
| 6 3 5 2 3 1 |
| 4 3 5 3 9 2 |
| 3 3 3 2 2 1 3 1 |
| 4 3 4 1 2 1 |
| 2 1 1 5 5 1 |
| 2 2 1 4 2 1 |
| 1 1 1 2 2 1 |
| 2 4 2 2 2 1 |
| 1 1 8 6 2 1 |
| 1 1 1 1 8 1 3 1 |
| 1 1 2 2 1 1 1 |
| 1 1 1 1 1 1 1 |
| 1 2 2 1 2 5 2 |
| 1 1 3 5 4 4 2 |
| 1 3 2 4 2 2 10 |
| 8 2 4 3 |
| 8 2 4 2 2 |
| 1 16 1 6 1 |
| 1 7 2 1 1 5 3 |
| 2 2 1 1 1 14 |
| 4 3 1 1 2 1 11 |
| 11 4 1 1 1 7 |
| 14 2 1 1 1 3 |
| 7 1 3 1 1 3 |
| 1 1 1 2 2 1 12 |
| 7 4 6 1 12 |
| 7 21 3 |
| 2 1 1 2 2 1 1 8 |
| 2 3 2 4 3 2 3 2 |
| 3 3 11 3 3 |
| 9 9 8 |

# D111 미용 목적뿐만 아니라 재건을 위해서도 수술해요

난이도 ★★★☆☆

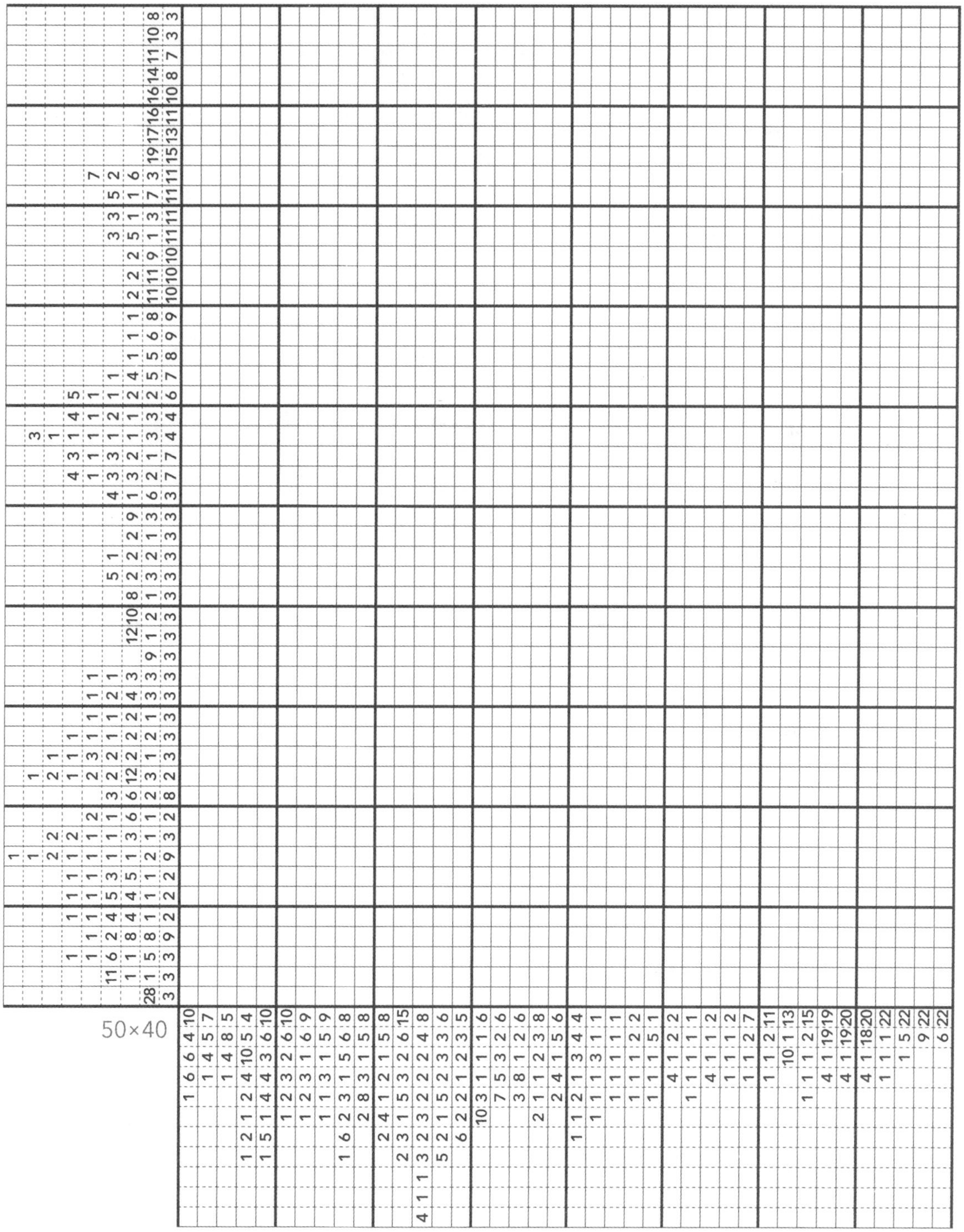

50×40

# D112 자~ 천천히 다리를 접어보세요

난이도 ★★★½☆

50×40

**Column clues (left to right, numbers top to bottom)**

| Column | Clue |
|---|---|
| 1 | 4 5 4 |
| 2 | 48 |
| 3 | 49 |
| 4 | 2 2 |
| 5 | 1 1 |
| 6 | 50 |
| 7 | 50 |
| 8 | 2 1 1 1 3 |
| 9 | 6 2 1 3 1 3 |
| 10 | 8 1 10 2 2 |
| 11 | 5 5 2 1 10 2 |
| 12 | 6 1 1 8 6 2 2 |
| 13 | 3 2 1 3 9 2 |
| 14 | 2 3 1 2 3 11 |
| 15 | 2 2 6 1 1 2 13 |
| 16 | 3 2 9 2 2 11 |
| 17 | 4 11 2 2 1 5 1 4 |
| 18 | 2 4 2 2 1 3 7 1 |
| 19 | 2 1 7 1 2 2 3 3 1 |
| 20 | 2 1 7 1 2 1 3 2 2 |
| 21 | 2 1 7 1 2 2 5 2 1 |
| 22 | 2 1 7 1 2 2 3 2 2 2 1 |
| 23 | 2 1 7 1 2 4 3 2 4 1 |
| 24 | 2 2 2 2 1 2 6 5 2 1 |
| 25 | 2 9 2 2 3 2 1 1 |
| 26 | 2 2 5 2 1 1 1 |
| 27 | 2 5 5 2 5 1 1 |
| 28 | 2 5 5 2 2 2 2 |
| 29 | 2 1 1 1 1 2 2 5 1 |
| 30 | 2 2 2 2 2 2 2 1 2 2 |
| 31 | 2 1 1 1 1 2 6 3 |
| 32 | 2 3 3 2 1 3 |
| 33 | 2 1 1 2 1 2 3 |
| 34 | 2 1 1 2 1 1 1 |
| 35 | 2 1 1 2 2 1 1 2 |
| 36 | 2 1 1 2 2 1 4 |
| 37 | 2 1 1 2 1 5 |
| 38 | 23 2 7 |
| 39 | 1 1 1 1 9 |
| 40 | 21 7 |

**Row clues (top to bottom)**

| Row | Clue |
|---|---|
| 1 | 4 7 2 |
| 2 | 2 2 30 1 |
| 3 | 3 2 5 23 1 |
| 4 | 3 2 4 1 1 1 1 |
| 5 | 3 2 4 1 1 4 1 1 |
| 6 | 3 2 2 1 1 2 3 1 1 |
| 7 | 2 2 3 2 2 9 |
| 8 | 2 2 2 8 2 3 1 1 |
| 9 | 2 2 1 3 2 4 1 1 |
| 10 | 2 2 3 4 5 1 1 1 |
| 11 | 2 4 5 1 5 1 1 1 |
| 12 | 2 3 3 1 5 1 1 1 |
| 13 | 2 2 1 1 5 1 4 1 1 |
| 14 | 2 2 1 1 5 1 2 3 1 1 |
| 15 | 2 2 3 5 1 2 9 |
| 16 | 2 2 2 5 1 2 3 1 1 |
| 17 | 2 2 1 3 2 4 1 1 |
| 18 | 2 2 1 1 7 1 1 |
| 19 | 2 2 1 1 1 1 |
| 20 | 2 2 1 23 1 |
| 21 | 2 2 1 23 1 |
| 22 | 2 2 1 1 1 1 |
| 23 | 2 2 1 4 2 |
| 24 | 2 2 4 3 |
| 25 | 2 2 1 3 |
| 26 | 2 5 5 |
| 27 | 2 2 1 2 2 |
| 28 | 2 2 1 2 2 1 |
| 29 | 2 2 1 4 3 1 |
| 30 | 2 2 1 2 3 1 1 |
| 31 | 2 4 1 2 2 1 |
| 32 | 2 2 1 3 2 1 |
| 33 | 2 2 1 1 2 3 1 |
| 34 | 2 2 1 2 3 1 1 |
| 35 | 2 2 1 3 2 1 2 |
| 36 | 2 2 1 2 2 1 1 4 |
| 37 | 2 2 2 1 1 1 3 2 |
| 38 | 2 2 1 2 1 2 1 2 7 |
| 39 | 3 2 3 1 1 6 2 2 3 |
| 40 | 3 2 6 2 2 3 2 2 |
| 41 | 3 2 6 2 2 2 1 1 3 |
| 42 | 3 2 10 3 2 1 2 3 |
| 43 | 3 2 6 2 2 1 2 4 |
| 44 | 2 11 3 2 2 6 |
| 45 | 2 2 2 4 2 4 5 |
| 46 | 2 2 6 2 1 7 |
| 47 | 3 2 6 2 2 4 |
| 48 | 3 4 4 3 |
| 49 | 4 12 9 |
| 50 | 20 |

# D113 마음을 치료하기 위해 가요

난이도 ★★★☆☆

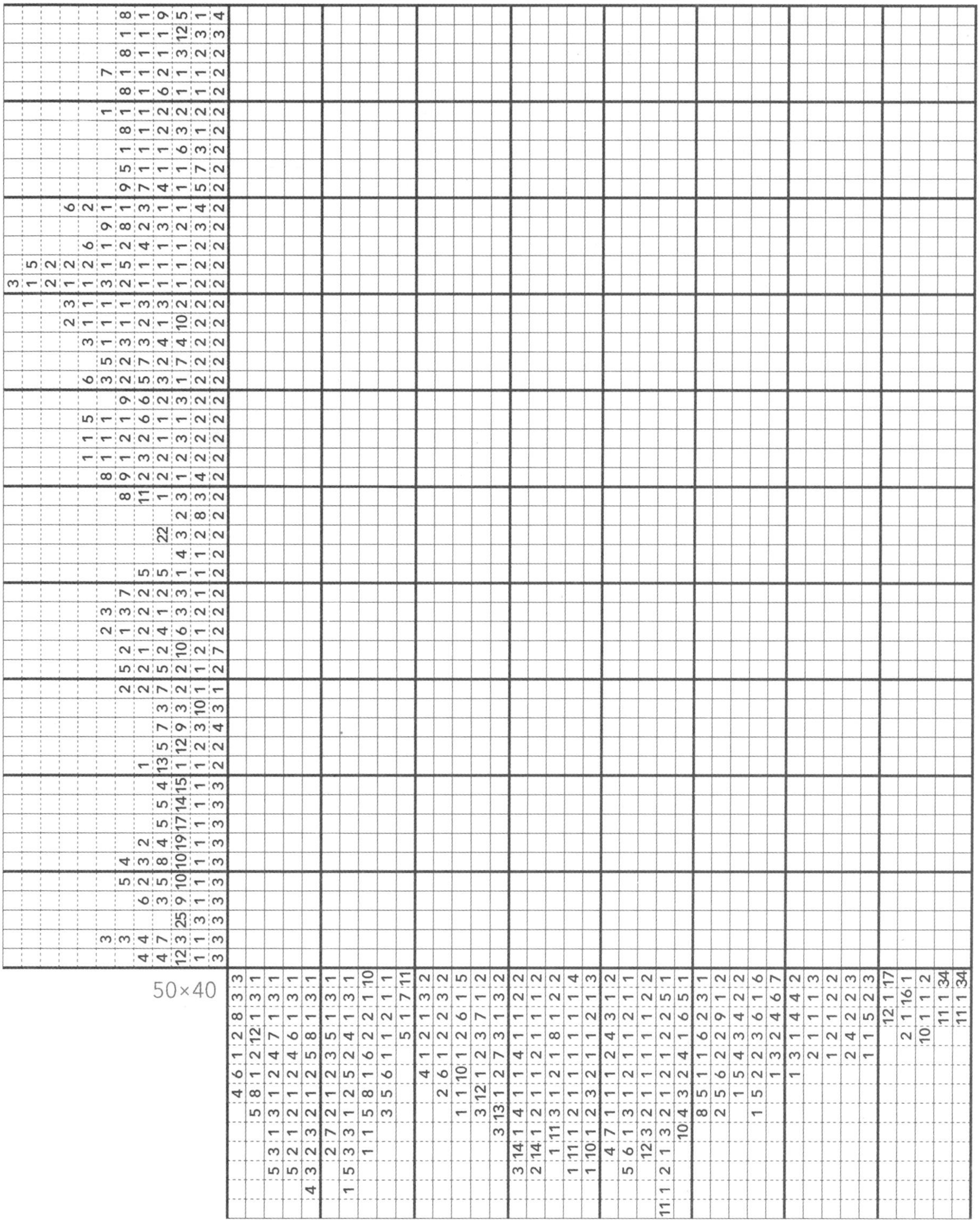

50×40

# D114 콩팥, 방광, 요도 등을 연구하고 치료해요

난이도 ★★★★☆

50×40

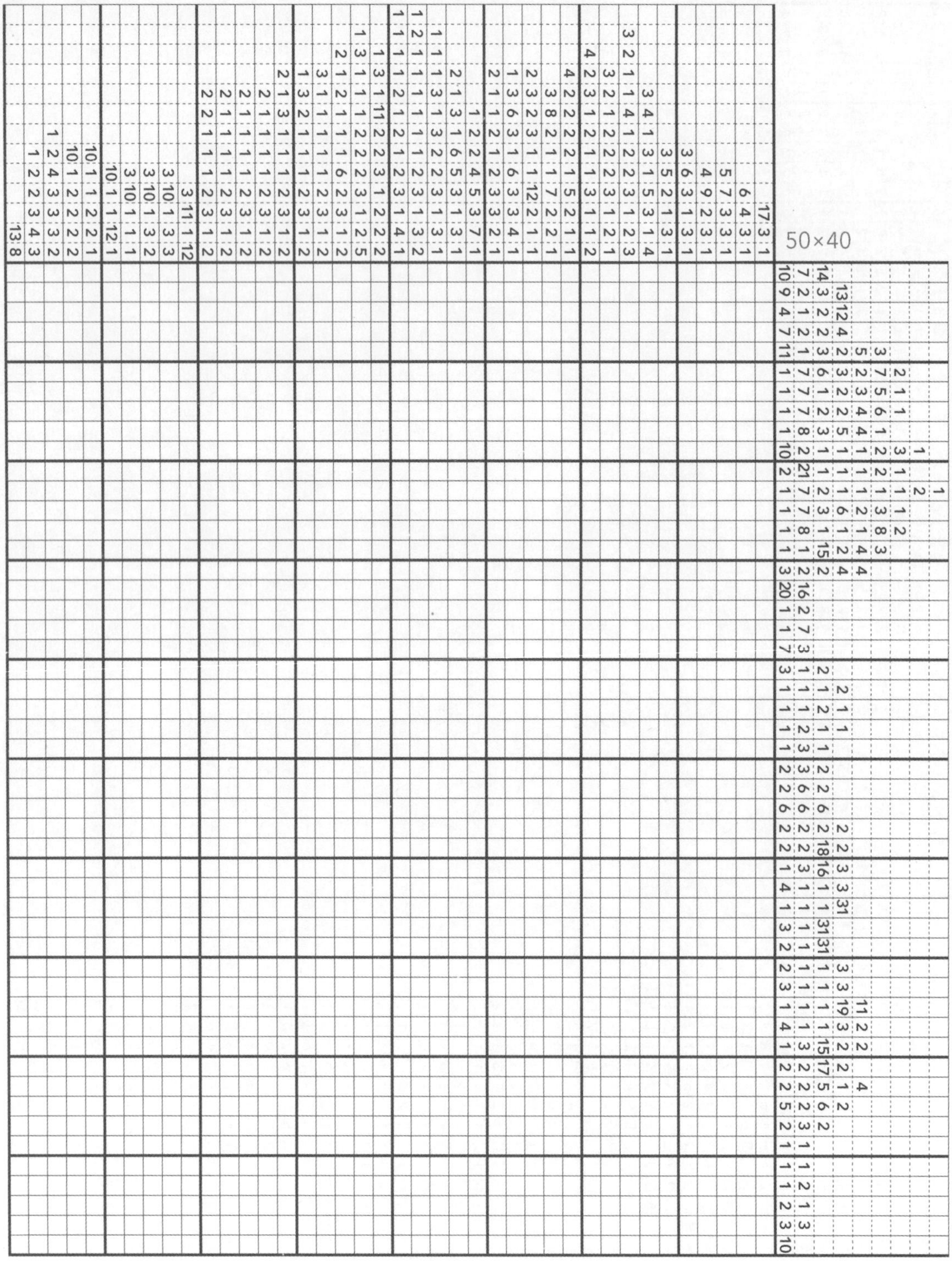

# D115 아이의 심장은 잘 뛰고 있네요~

난이도 ★★★★☆

50×50

| 열 | 세로 힌트 |
|---|---|
| 1 | 18 1 1 |
| 2 | 5 10 1 1 |
| 3 | 2 9 1 1 |
| 4 | 4 1 3 2 1 1 |
| 5 | 5 1 1 1 2 1 |
| 6 | 5 4 1 4 1 1 |
| 7 | 10 7 3 2 1 1 |
| 8 | 11 2 4 1 1 |
| 9 | 12 4 2 3 1 |
| 10 | 7 3 1 1 3 3 2 1 |
| 11 | 9 5 2 2 1 2 2 1 |
| 12 | 7 1 3 1 1 4 2 2 1 |
| 13 | 6 2 2 3 1 1 5 2 1 |
| 14 | 6 2 1 1 4 2 5 1 2 1 |
| 15 | 5 2 1 8 1 1 1 1 1 |
| 16 | 4 3 2 6 4 1 1 2 2 |
| 17 | 5 3 6 2 1 1 2 2 |
| 18 | 4 2 3 6 1 1 4 |
| 19 | 6 3 1· 1 1 1 3 |
| 20 | 9 2 12 2 |
| 21 | 6 3 1 2 2 1 |
| 22 | 3 2 1 1 2 |
| 23 | 8 1 2 1 |
| 24 | 18 8 1 1 2 1 |
| 25 | 1 1 7 2 2 2 1 |
| 26 | 1 14 1 5 2 1 2 |
| 27 | 1 14 1 2 3 2 3 |
| 28 | 1 10 2 1 5 4 3 |
| 29 | 1 8 1 2 1 7 3 3 |
| 30 | 1 5 1 5 1 9 2 3 |
| 31 | 1 1 3 1 2 1 10 1 3 |
| 32 | 1 2 9 1 1 11 1 3 |
| 33 | 1 2 1 9 1 11 2 3 |
| 34 | 1 3 8 1 1 10 2 4 |
| 35 | 1 3 2 3 1 1 8 1 4 |
| 36 | 1 4 2 1 2 1 7 2 5 |
| 37 | 1 3 4 2 1 1 5 8 2 5 |
| 38 | 1 3 3 2 1 1 3 1 3 10 6 |
| 39 | 1 4 2 4 1 1 1 1 8 6 |
| 40 | 1 3 3 5 1 4 1 6 5 |
| 41 | 1 2 1 7 1 1 4 2 6 6 |
| 42 | 1 2 1 8 1 3 2 4 5 |
| 43 | 1 1 8 1 1 3 5 4 |
| 44 | 1 4 4 1 2 1 4 2 6 7 |
| 45 | 1 7 1 1 1 1 9 5 7 |
| 46 | 1 9 2 1 7 5 7 |
| 47 | 1 11 2 1 14 6 |
| 48 | 1 14 1 13 6 |
| 49 | 1 1 11 6 |
| 50 | 18 8 6 |

| 행 | 가로 힌트 |
|---|---|
| 1 | 27 |
| 2 | 1 1 |
| 3 | 6 1 23 1 |
| 4 | 10 1 5 11 5 1 |
| 5 | 12 1 5 7 5 1 |
| 6 | 14 1 5 2 1 1 2 5 1 |
| 7 | 8 5 1 5 1 1 1 1 1 4 1 |
| 8 | 8 3 1 4 10 6 1 |
| 9 | 6 3 1 4 18 1 |
| 10 | 5 2 2 2 1 9 2 4 3 1 |
| 11 | 3 1 2 2 2 1 3 4 4 3 1 |
| 12 | 3 1 2 1 1 3 1 4 4 1 2 1 |
| 13 | 4 3 2 1 2 16 2 1 |
| 14 | 7 2 1 1 2 1 4 7 1 1 1 |
| 15 | 9 2 1 6 1 1 2 1 1 3 1 |
| 16 | 8 6 1 23 1 |
| 17 | 4 1 5 1 1 |
| 18 | 2 2 1 2 27 |
| 19 | 2 2 2 1 |
| 20 | 2 6 2 5 |
| 21 | 1 5 1 9 |
| 22 | 1 3 3 10 |
| 23 | 1 6 3 2 7 |
| 24 | 2 1 3 3 1 3 3 6 |
| 25 | 1 1 1 2 2 1 3 1 2 6 |
| 26 | 1 1 1 5 1 1 3 2 2 6 |
| 27 | 1 8 2 1 1 3 1 7 |
| 28 | 1 2 1 1 1 1 1 3 3 2 4 |
| 29 | 1 1 1 1 1 1 1 1 5 1 4 |
| 30 | 1 1 1 1 3 5 2 5 2 1 5 |
| 31 | 1 1 6 1 13 3 7 |
| 32 | 2 3 10 2 11 7 |
| 33 | 8 1 2 1 10 7 |
| 34 | 4 1 9 11 6 1 |
| 35 | 4 2 3 2 12 5 2 |
| 36 | 3 1 2 3 14 3 |
| 37 | 3 2 1 3 13 5 |
| 38 | 3 1 2 1 12 6 |
| 39 | 3 4 1 4 5 7 |
| 40 | 7 2 2 2 4 6 |
| 41 | 4 2 1 3 5 |
| 42 | 3 2 2 3 4 |
| 43 | 5 2 1 3 6 |
| 44 | 2 2 3 7 |
| 45 | 3 4 2 7 |
| 46 | 2 3 5 8 |
| 47 | 2 2 9 |
| 48 | 2 3 15 |
| 49 | 7 14 |
| 50 | 20 15 |

# D116 한 달 정도 뒤에 깁스 풀 수 있겠어요~

난이도 ★★★★☆

50×50

| 열 | 힌트 |
|---|---|
| 1 | 34 3 |
| 2 | 22 6 3 |
| 3 | 19 5 3 |
| 4 | 16 3 3 |
| 5 | 4 3 3 |
| 6 | 6 1 2 2 3 3 |
| 7 | 8 2 5 2 4 3 |
| 8 | 6 3 1 1 1 2 7 |
| 9 | 7 3 1 1 2 2 7 |
| 10 | 5 1 3 2 3 2 7 |
| 11 | 4 1 5 1 4 2 7 |
| 12 | 4 2 1 7 3 1 2 7 |
| 13 | 4 1 2 12 2 2 4 |
| 14 | 3 2 11 1 1 2 3 |
| 15 | 3 2 1 1 2 1 2 4 |
| 16 | 7 1 4 1 2 4 |
| 17 | 2 7 4 2 4 |
| 18 | 2 3 1 2 4 |
| 19 | 3 2 1 3 4 |
| 20 | 19 1 1 3 4 |
| 21 | 2 1 1 3 5 4 |
| 22 | 17 2 1 1 3 5 3 1 |
| 23 | 19 2 1 3 4 1 4 |
| 24 | 18 2 1 3 4 2 1 |
| 25 | 19 3 4 4 1 5 |
| 26 | 4 8 2 2 1 3 4 3 3 |
| 27 | 7 1 1 3 1 4 3 2 2 |
| 28 | 3 11 1 1 4 2 2 1 |
| 29 | 3 10 2 1 4 3 2 4 |
| 30 | 1 2 2 2 2 1 4 3 2 1 2 |
| 31 | 1 2 2 3 1 1 12 2 1 3 |
| 32 | 1 1 7 2 1 1 6 5 1 3 3 |
| 33 | 3 12 1 7 5 1 2 1 |
| 34 | 17 1 8 7 3 1 1 |
| 35 | 17 1 3 6 4 2 1 |
| 36 | 17 1 7 3 9 1 |
| 37 | 4 3 11 1 |
| 38 | 20 4 5 11 2 |
| 39 | 3 2 2 1 20 1 |
| 40 | 3 2 1 1 19 |
| 41 | 3 1 4 14 3 |
| 42 | 5 4 2 1 1 1 2 7 3 |
| 43 | 1 4 1 1 25 |
| 44 | 3 1 5 1 2 2 1 5 11 |
| 45 | 2 1 7 1 1 11 5 3 |
| 46 | 2 1 6 5 1 14 |
| 47 | 2 1 8 2 1 15 |
| 48 | 2 1 6 2 5 2 2 |
| 49 | 2 1 16 3 |
| 50 | 2 1 2 4 |

| 행 | 힌트 |
|---|---|
| 1 | 4 1 15 1 1 1 |
| 2 | 4 1 8 4 1 1 7 |
| 3 | 4 7 1 15 1 1 7 |
| 4 | 4 9 1 6 2 3 1 1 |
| 5 | 4 11 1 4 1 3 1 9 |
| 6 | 4 8 2 1 4 2 4 1 |
| 7 | 4 5 1 1 4 3 5 1 7 |
| 8 | 4 4 1 2 1 5 2 5 10 |
| 9 | 4 2 1 1 2 1 5 2 5 11 |
| 10 | 4 2 1 1 1 5 3 5 2 7 |
| 11 | 4 2 2 1 1 5 9 1 5 |
| 12 | 5 1 1 1 1 5 2 6 2 1 4 |
| 13 | 5 3 4 1 5 2 5 2 1 1 2 |
| 14 | 7 1 5 1 9 4 1 1 2 |
| 15 | 5 2 1 2 1 5 4 4 1 3 2 |
| 16 | 4 5 3 4 3 6 2 3 |
| 17 | 3 5 2 4 6 6 1 |
| 18 | 3 4 2 3 1 1 1 2 |
| 19 | 3 4 1 4 2 13 5 |
| 20 | 2 4 1 2 4 2 4 2 |
| 21 | 2 1 3 1 1 1 1 |
| 22 | 2 1 3 1 2 2 1 |
| 23 | 1 1 2 2 2 1 1 1 |
| 24 | 1 2 1 3 3 1 1 4 2 |
| 25 | 1 5 1 19 1 1 4 2 |
| 26 | 1 4 2 2 1 1 1 1 1 |
| 27 | 1 15 3 1 2 1 1 1 |
| 28 | 2 2 2 2 6 1 3 1 |
| 29 | 3 1 1 3 6 1 1 1 1 |
| 30 | 13 1 3 7 2 1 1 1 |
| 31 | 7 2 4 3 7 2 1 1 1 |
| 32 | 5 2 3 6 2 4 3 2 |
| 33 | 3 3 3 4 1 15 |
| 34 | 1 2 3 4 1 11 2 |
| 35 | 15 4 6 7 3 |
| 36 | 14 5 6 9 2 1 |
| 37 | 5 6 7 3 2 |
| 38 | 5 6 15 |
| 39 | 5 1 4 14 |
| 40 | 5 3 8 2 2 |
| 41 | 5 2 2 7 2 2 |
| 42 | 4 1 11 2 2 |
| 43 | 4 4 8 2 2 |
| 44 | 17 5 7 6 2 2 |
| 45 | 16 2 1 2 2 6 2 2 |
| 46 | 15 3 1 2 2 7 2 2 |
| 47 | 6 1 1 1 2 1 3 1 6 |
| 48 | 5 3 2 5 8 |
| 49 | 5 5 2 1 5 4 |
| 50 | 5 5 7 2 3 |

# D117 다양한 종류의 증상을 보고 일차적으로 진단해요

난이도 ★★★★☆

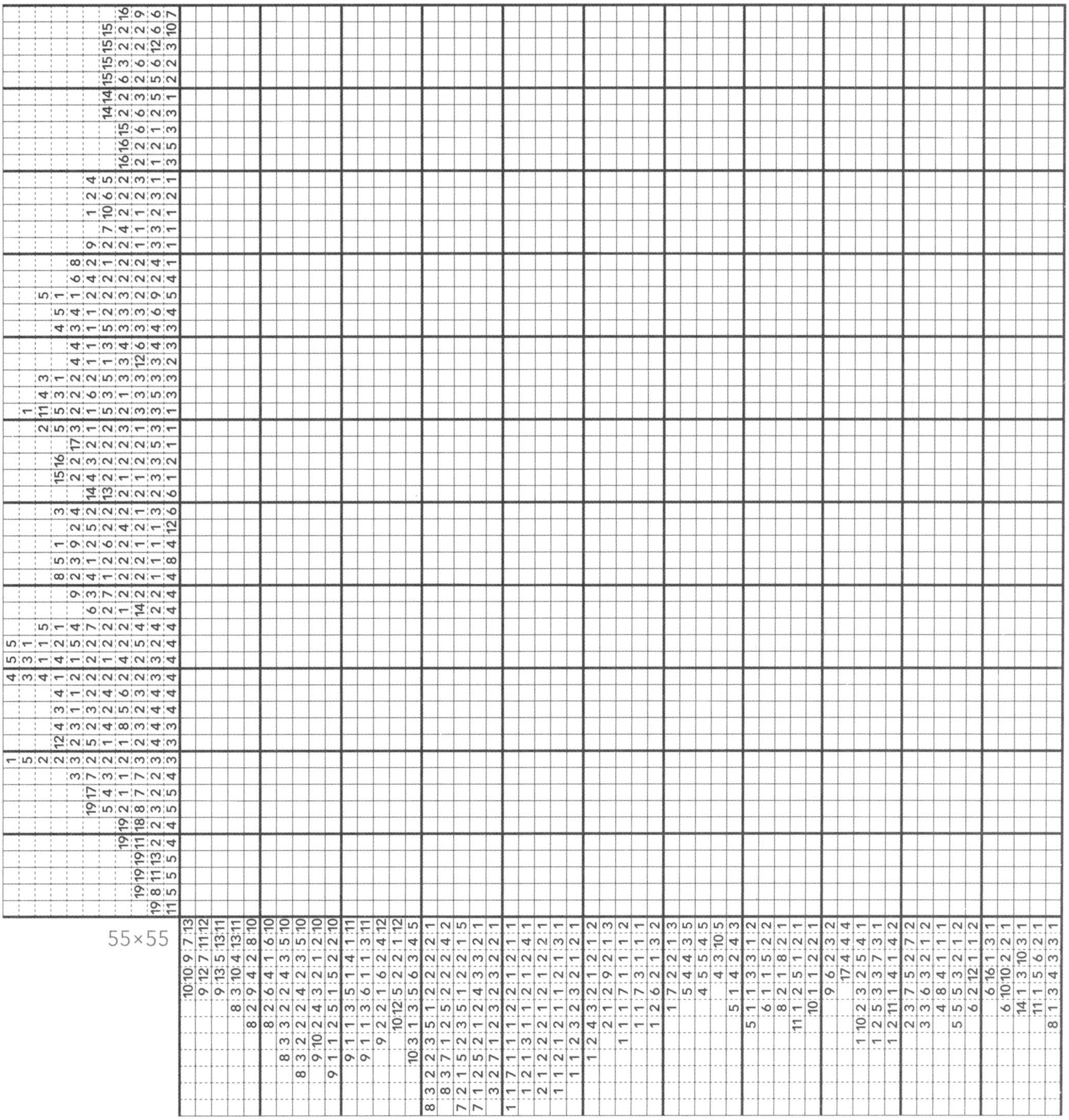

55×55

# D118 귀에 물이 들어갔어요

난이도 ★★★★☆

55×55

| 세로 | 힌트 |
|---|---|
| 1 | 4 3 3 6 4 3 3 |
| 2 | 5 3 17 4 3 5 |
| 3 | 1 27 12 |
| 4 | 2 4 4 15 7 9 |
| 5 | 4 2 3 1 8 9 3 2 5 |
| 6 | 6 1 1 8 1 12 1 3 2 |
| 7 | 6 1 1 1 5 12 1 2 1 |
| 8 | 6 1 1 1 1 2 12 10 2 |
| 9 | 2 1 1 1 1 1 12 1 1 1 4 |
| 10 | 1 13 1 1 12 5 1 1 |
| 11 | 11 2 1 1 9 5 5 |
| 12 | 10 2 1 1 8 16 |
| 13 | 8 2 1 1 7 17 |
| 14 | 7 2 1 1 6 18 |
| 15 | 6 2 2 1 6 3 6 6 |
| 16 | 4 3 1 6 2 8 6 |
| 17 | 2 2 7 5 1 4 2 7 |
| 18 | 1 2 3 2 5 1 3 5 3 |
| 19 | 3 2 2 2 6 5 4 1 |
| 20 | 4 1 1 2 8 3 4 1 |
| 21 | 4 5 2 9 1 2 2 1 |
| 22 | 4 5 2 10 2 2 1 2 |
| 23 | 4 5 2 10 1 1 2 1 |
| 24 | 4 5 4 7 4 2 1 1 |
| 25 | 4 8 1 3 6 6 |
| 26 | 4 4 4 3 6 5 |
| 27 | 4 4 3 3 6 5 |
| 28 | 5 4 3 3 6 5 |
| 29 | 5 2 2 5 4 5 4 |
| 30 | 5 1 2 2 2 4 7 4 |
| 31 | 4 1 3 2 2 1 2 3 |
| 32 | 2 1 4 4 1 4 8 |
| 33 | 1 2 8 6 1 3 3 |
| 34 | 1 2 2 2 1 7 2 2 |
| 35 | 2 5 3 6 2 3 3 2 |
| 36 | 1 2 1 3 2 5 1 2 1 |
| 37 | 2 2 2 2 1 9 1 1 1 |
| 38 | 2 2 1 2 1 4 2 2 2 1 |
| 39 | 3 1 4 3 4 4 3 5 |
| 40 | 3 2 2 4 4 2 |
| 41 | 9 3 2 6 2 4 |
| 42 | 9 2 3 24 |
| 43 | 9 5 2 25 |
| 44 | 2 5 1 25 |
| 45 | 2 5 2 2 3 14 1 |
| 46 | 4 2 4 2 3 2 3 3 6 2 1 |
| 47 | 1 2 2 4 3 7 3 5 3 2 1 |
| 48 | 2 1 2 5 12 3 1 3 2 1 |
| 49 | 2 2 2 16 2 3 6 3 2 1 |
| 50 | 1 2 1 2 11 1 3 1 2 2 3 2 1 |
| 51 | 2 1 1 2 13 2 3 1 1 3 2 1 |
| 52 | 3 1 2 16 3 2 3 2 1 |
| 53 | 1 2 1 2 14 3 2 3 5 |
| 54 | 2 2 2 13 3 2 3 2 |
| 55 | 4 2 8 3 2 3 2 |

| 가로 | 힌트 |
|---|---|
| 1 | 8 4 11 3 2 2 2 |
| 2 | 2 6 6 13 3 1 2 2 2 |
| 3 | 3 4 7 13 3 1 3 2 1 |
| 4 | 3 4 22 3 2 4 1 |
| 5 | 4 3 8 5 3 3 2 |
| 6 | 3 3 6 4 3 6 |
| 7 | 3 5 3 3 |
| 8 | 13 2 15 |
| 9 | 3 3 6 2 15 |
| 10 | 12 3 2 2 |
| 11 | 3 2 2 2 3 8 |
| 12 | 4 2 3 1 2 2 11 |
| 13 | 4 1 3 3 14 |
| 14 | 3 2 2 3 15 |
| 15 | 12 5 3 3 3 7 |
| 16 | 3 1 2 5 2 2 2 7 |
| 17 | 3 1 2 7 6 7 |
| 18 | 4 1 2 2 5 4 10 |
| 19 | 4 1 4 6 2 3 10 |
| 20 | 4 1 2 3 2 1 4 9 |
| 21 | 6 2 2 2 1 2 1 8 |
| 22 | 15 2 5 3 1 2 5 |
| 23 | 5 1 2 3 2 2 2 1 4 5 |
| 24 | 4 1 1 2 1 1 1 3 4 3 |
| 25 | 4 1 1 2 2 2 2 3 5 4 |
| 26 | 7 1 2 2 1 2 7 3 6 |
| 27 | 4 12 3 2 4 2 2 |
| 28 | 4 2 5 1 3 1 5 |
| 29 | 2 11 6 2 6 2 5 |
| 30 | 20 4 3 1 |
| 31 | 21 3 5 1 13 |
| 32 | 21 2 1 2 2 14 |
| 33 | 21 2 1 4 14 |
| 34 | 21 2 1 2 1 3 |
| 35 | 10 4 4 4 3 |
| 36 | 1 9 6 5 2 3 1 |
| 37 | 2 8 4 2 9 2 3 2 3 |
| 38 | 3 6 4 6 8 9 2 1 |
| 39 | 4 5 3 5 9 1 1 9 2 1 |
| 40 | 3 5 3 4 6 1 1 8 4 2 |
| 41 | 3 6 5 1 2 9 1 2 |
| 42 | 16 3 5 5 2 2 |
| 43 | 5 1 7 2 2 1 1 6 3 |
| 44 | 4 1 9 2 2 2 2 5 |
| 45 | 2 1 11 2 1 1 2 5 |
| 46 | 3 9 3 2 1 2 15 |
| 47 | 4 2 3 5 5 3 15 |
| 48 | 3 15 3 4 2 14 |
| 49 | 3 1 1 7 3 3 2 5 |
| 50 | 2 2 1 7 8 2 1 5 |
| 51 | 1 2 8 8 21 |
| 52 | 1 14 7 17 |
| 53 | 1 1 7 9 3 1 |
| 54 | 2 2 4 3 1 |
| 55 | 3 12 |

# D119 이건 잘 보이나요?

난이도 ★★★★★

50×60

| 열 | 단서 (위→아래) |
|---|---|
| 1 | 2 3 3 10 19 |
| 2 | 4 5 4 13 5 1 4 |
| 3 | 5 6 4 14 2 2 3 |
| 4 | 6 6 4 16 2 3 |
| 5 | 6 6 12 6 1 3 |
| 6 | 6 5 11 3 1 1 3 |
| 7 | 8 17 1 1 1 2 |
| 8 | 24 1 6 1 2 |
| 9 | 3 7 1 2 3 1 2 |
| 10 | 5 8 1 5 2 1 2 |
| 11 | 7 3 5 3 1 3 2 1 2 |
| 12 | 7 4 4 3 2 3 2 1 2 |
| 13 | 6 5 3 1 3 1 1 2 |
| 14 | 5 5 7 3 4 4 |
| 15 | 4 6 5 4 4 5 |
| 16 | 3 5 6 1 3 5 |
| 17 | 2 4 7 1 7 |
| 18 | 2 2 1 2 1 10 |
| 19 | 32 1 16 |
| 20 | 2 3 23 |
| 21 | 2 3 1 1 1 1 1 7 15 |
| 22 | 2 2 2 4 3 3 2 2 2 2 15 |
| 23 | 2 1 1 4 1 3 2 2 1 2 15 |
| 24 | 2 2 2 1 2 15 |
| 25 | 2 1 1 1 2 2 2 2 2 2 15 |
| 26 | 2 1 2 2 3 2 2 1 2 15 |
| 27 | 2 5 4 2 2 2 15 |
| 28 | 2 1 1 1 3 1 2 2 2 6 7 |
| 29 | 2 1 1 1 2 2 5 1 2 5 2 6 |
| 30 | 2 5 4 3 4 2 2 4 4 5 |
| 31 | 2 4 1 1 2 1 4 2 1 1 5 |
| 32 | 2 1 1 1 2 2 1 4 12 1 5 |
| 33 | 2 1 2 1 3 2 2 2 3 2 1 5 |
| 34 | 2 4 4 3 2 5 2 3 1 3 4 |
| 35 | 2 1 1 2 1 2 2 1 1 2 1 1 2 1 4 |
| 36 | 2 4 1 1 1 8 1 4 |
| 37 | 26 4 7 1 1 4 |
| 38 | 2 9 2 6 3 1 1 4 |
| 39 | 5 3 1 2 1 2 4 |
| 40 | 4 2 3 4 1 1 2 5 |
| 41 | 5 5 15 1 2 4 5 |
| 42 | 5 3 1 8 3 1 2 5 2 5 |
| 43 | 4 2 1 4 2 2 2 9 3 5 |
| 44 | 4 2 2 3 2 1 1 3 4 3 6 |
| 45 | 5 2 3 2 3 1 3 7 |
| 46 | 6 2 4 2 10 8 |
| 47 | 8 3 2 12 8 |
| 48 | 8 2 2 2 5 4 7 |
| 49 | 5 2 2 2 7 3 4 6 |
| 50 | 6 19 4 4 4 |

| 행 | 단서 (왼쪽→오른쪽) |
|---|---|
| 1 | 3 21 |
| 2 | 7 21 |
| 3 | 7 1 1 |
| 4 | 7 1 3 4 3 1 |
| 5 | 7 1 2 2 1 1 1 1 |
| 6 | 5 5 1 1 4 1 1 |
| 7 | 3 7 1 2 2 1 1 4 1 |
| 8 | 2 7 1 3 4 1 |
| 9 | 2 2 6 1 1 7 |
| 10 | 5 1 5 1 2 3 2 3 1 10 |
| 11 | 6 1 4 1 2 1 2 2 13 |
| 12 | 6 5 1 2 3 4 2 13 |
| 13 | 5 4 1 2 3 2 3 6 6 |
| 14 | 7 1 3 5 |
| 15 | 5 1 3 1 3 3 2 2 2 4 |
| 16 | 2 4 1 1 3 2 2 2 2 2 2 1 |
| 17 | 4 2 6 1 1 1 2 2 2 2 1 1 1 |
| 18 | 5 2 8 1 1 2 2 2 |
| 19 | 8 10 2 1 2 2 2 3 4 2 |
| 20 | 9 7 4 2 4 2 1 1 3 2 |
| 21 | 7 3 1 2 2 1 1 2 1 |
| 22 | 11 1 3 1 4 3 |
| 23 | 13 1 3 2 2 4 5 2 2 |
| 24 | 13 1 2 2 2 3 2 2 2 2 |
| 25 | 12 1 1 1 1 1 5 1 |
| 26 | 9 1 1 3 2 3 1 2 4 1 |
| 27 | 8 3 3 1 2 2 4 4 3 1 1 |
| 28 | 7 2 3 1 3 1 1 3 1 1 |
| 29 | 7 2 4 1 3 2 2 1 1 1 2 1 1 |
| 30 | 4 1 3 1 1 1 1 2 1 2 2 1 |
| 31 | 4 4 1 1 1 2 2 1 |
| 32 | 5 1 18 1 1 2 1 |
| 33 | 6 1 1 15 2 3 2 |
| 34 | 7 2 4 2 4 2 3 |
| 35 | 5 3 1 2 1 1 3 2 1 |
| 36 | 2 1 1 1 3 2 5 1 |
| 37 | 9 2 1 2 1 2 2 |
| 38 | 2 3 1 2 2 1 3 2 |
| 39 | 1 5 6 6 4 3 |
| 40 | 1 2 2 1 1 2 3 4 |
| 41 | 1 1 3 1 1 6 4 |
| 42 | 2 1 2 1 1 1 4 5 |
| 43 | 1 1 1 1 1 1 7 |
| 44 | 1 1 1 1 1 1 2 2 |
| 45 | 1 2 2 1 2 1 2 |
| 46 | 1 1 12 1 1 2 2 2 |
| 47 | 1 2 13 1 1 3 2 2 |
| 48 | 1 2 13 1 1 3 2 2 |
| 49 | 1 2 14 2 1 3 3 1 |
| 50 | 1 18 5 3 5 |
| 51 | 1 15 3 7 7 |
| 52 | 4 14 2 2 1 3 3 |
| 53 | 1 25 2 2 5 2 2 |
| 54 | 1 14 5 2 2 4 1 |
| 55 | 1 13 6 6 |
| 56 | 1 16 11 |
| 57 | 2 32 |
| 58 | 6 32 |
| 59 | 13 32 |
| 60 | 13 31 |

# D120 배에서 무슨 소리가 나나 들어볼까~?

난이도 ★★★★★

50×60

| | |
|---|---|
| 1 | 12 16 5 2 |
| 2 | 15 3 4 4 5 2 2 |
| 3 | 9 5 2 4 8 2 3 |
| 4 | 8 4 2 2 6 2 4 |
| 5 | 11 3 1 3 5 2 3 |
| 6 | 9 4 1 5 2 3 |
| 7 | 7 2 3 3 2 17 |
| 8 | 7 1 1 2 2 2 1 2 14 |
| 9 | 6 3 2 3 1 1 14 |
| 10 | 6 3 2 1 1 3 1 2 2 3 2 3 |
| 11 | 5 2 1 1 2 2 2 1 1 3 2 3 |
| 12 | 4 1 2 5 2 7 1 3 2 3 |
| 13 | 5 4 1 7 1 2 1 2 2 10 |
| 14 | 5 3 5 1 2 3 1 1 1 4 1 3 |
| 15 | 6 1 8 3 2 2 3 3 1 2 |
| 16 | 1 17 2 2 3 4 1 1 |
| 17 | 2 13 1 1 2 1 5 1 1 |
| 18 | 4 10 2 1 1 11 2 1 |
| 19 | 8 5 2 1 2 10 3 1 |
| 20 | 12 3 3 1 9 2 5 1 1 |
| 21 | 12 4 5 1 3 9 6 1 2 1 |
| 22 | 12 5 2 4 5 9 1 1 3 |
| 23 | 13 4 2 2 3 3 10 1 2 1 |
| 24 | 14 8 1 13 3 7 1 |
| 25 | 15 4 1 4 8 8 1 1 |
| 26 | 16 1 1 1 7 2 2 3 |
| 27 | 20 1 2 1 7 1 2 |
| 28 | 20 1 1 2 1 1 2 |
| 29 | 20 4 1 3 2 |
| 30 | 3 12 1 5 2 3 |
| 31 | 1 5 7 2 1 1 4 2 4 |
| 32 | 12 3 2 2 2 3 6 2 4 |
| 33 | 5 5 2 2 1 2 1 3 2 5 |
| 34 | 5 3 2 3 3 2 2 1 1 11 |
| 35 | 6 5 2 4 3 2 2 4 5 |
| 36 | 7 2 1 7 2 13 6 |
| 37 | 7 2 1 2 2 8 3 1 4 7 |
| 38 | 5 2 8 2 1 1 13 |
| 39 | 6 3 1 2 12 2 2 7 |
| 40 | 6 3 1 2 10 1 1 6 |
| 41 | 8 2 2 2 1 1 6 |
| 42 | 7 3 2 2 4 2 1 6 |
| 43 | 9 2 3 2 2 3 1 5 |
| 44 | 8 2 3 3 2 2 2 6 4 |
| 45 | 6 8 6 1 2 5 3 |
| 46 | 1 6 2 2 2 2 5 |
| 47 | 2 8 2 1 2 12 |
| 48 | 3 3 2 2 15 |
| 49 | 15 3 2 19 |
| 50 | 16 24 5 |

| | |
|---|---|
| 1 | 8 16 11 5 |
| 2 | 13 14 14 4 |
| 3 | 15 13 15 3 |
| 4 | 15 12 17 2 |
| 5 | 11 5 11 17 2 |
| 6 | 10 4 11 3 3 9 2 |
| 7 | 8 3 11 2 2 7 2 |
| 8 | 6 2 11 2 2 3 2 2 2 |
| 9 | 6 3 6 11 1 2 2 1 1 2 |
| 10 | 3 1 2 2 3 11 1 2 2 2 1 2 |
| 11 | 2 1 2 2 3 11 1 1 4 2 |
| 12 | 2 1 2 3 11 1 2 2 3 |
| 13 | 3 3 8 2 4 2 4 |
| 14 | 4 4 8 8 2 2 2 4 |
| 15 | 5 3 9 7 3 4 2 |
| 16 | 6 11 6 1 6 2 4 1 |
| 17 | 5 8 5 5 2 2 1 2 2 |
| 18 | 1 7 2 4 6 1 2 2 1 1 |
| 19 | 4 5 2 6 5 2 2 2 |
| 20 | 2 3 4 3 4 6 2 3 1 1 |
| 21 | 2 5 1 2 3 5 2 1 |
| 22 | 1 1 1 1 9 1 1 |
| 23 | 2 3 2 2 1 1 4 1 1 |
| 24 | 1 2 4 2 1 2 4 1 |
| 25 | 1 1 9 2 2 2 4 1 |
| 26 | 2 1 3 2 2 1 1 2 1 1 |
| 27 | 2 2 2 2 3 2 1 2 2 1 |
| 28 | 2 4 1 7 2 1 2 2 1 |
| 29 | 3 2 2 5 2 2 2 2 2 1 |
| 30 | 1 1 4 2 3 1 2 6 3 4 2 |
| 31 | 1 1 2 4 2 7 1 2 6 3 |
| 32 | 1 2 1 5 5 3 3 2 2 2 1 |
| 33 | 1 2 2 2 4 8 3 2 2 2 1 |
| 34 | 1 1 5 1 1 2 5 1 |
| 35 | 1 3 1 1 6 4 4 1 |
| 36 | 1 4 1 11 2 4 2 |
| 37 | 1 18 1 2 2 |
| 38 | 2 13 2 3 2 |
| 39 | 1 15 1 2 3 |
| 40 | 1 4 11 1 2 3 |
| 41 | 2 3 10 9 3 |
| 42 | 1 2 10 1 1 6 3 |
| 43 | 4 1 6 3 1 1 6 |
| 44 | 7 1 2 1 1 1 6 |
| 45 | 9 2 6 1 2 1 3 |
| 46 | 13 7 2 1 1 3 |
| 47 | 15 1 1 1 1 2 3 |
| 48 | 10 1 1 1 2 2 1 3 |
| 49 | 3 2 1 1 1 1 1 3 |
| 50 | 3 1 1 1 1 1 1 3 |
| 51 | 14 2 11 1 6 |
| 52 | 14 1 11 1 5 |
| 53 | 3 1 1 1 1 1 5 |
| 54 | 3 1 1 1 7 2 2 |
| 55 | 3 12 16 1 |
| 56 | 5 1 2 2 16 |
| 57 | 8 1 3 3 16 |
| 58 | 12 2 1 15 |
| 59 | 4 5 5 8 |
| 60 | 3 11 6 |

N E M O N E M O

# 해답

L O G I C  P L U S

## PART A

**A1 + A2** 도르래

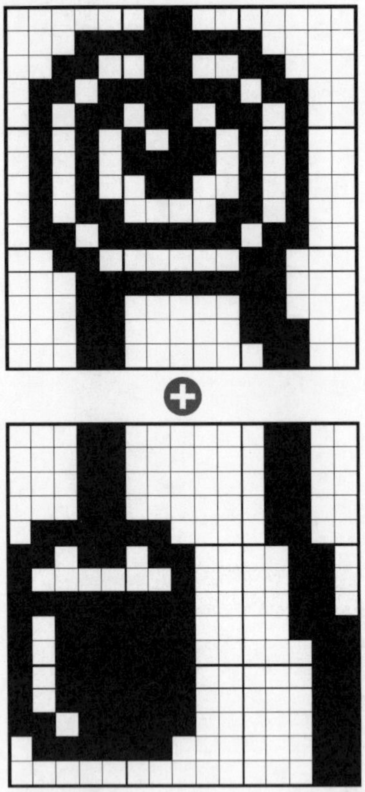

**A3 + A4** 현미경

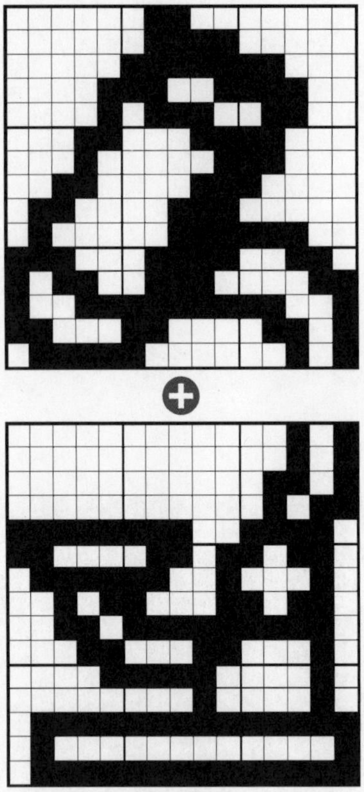

**A5** 초코칩 쿠키

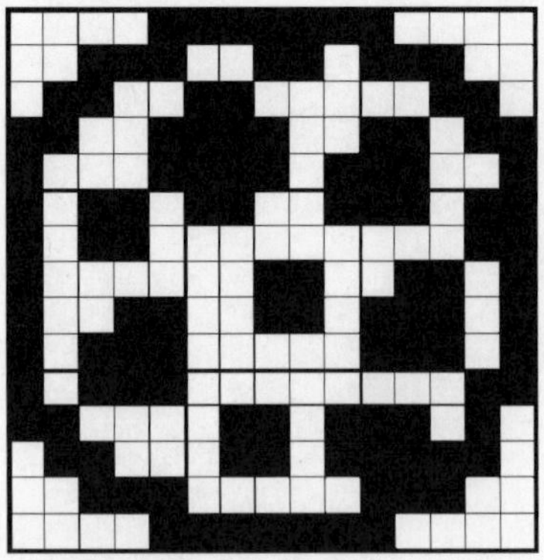

**A6** 오리 장난감

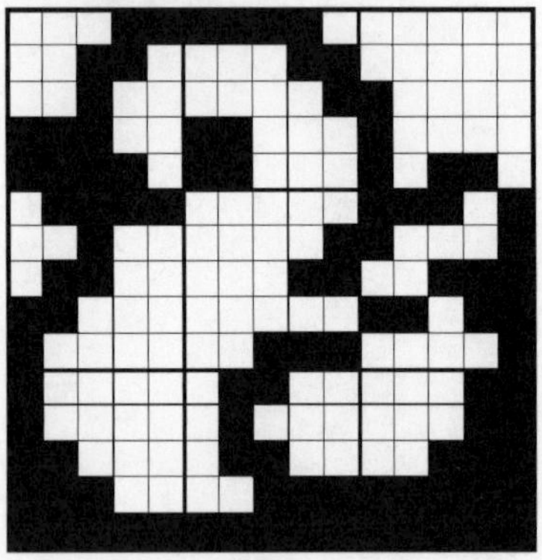

**A7** 옥수수

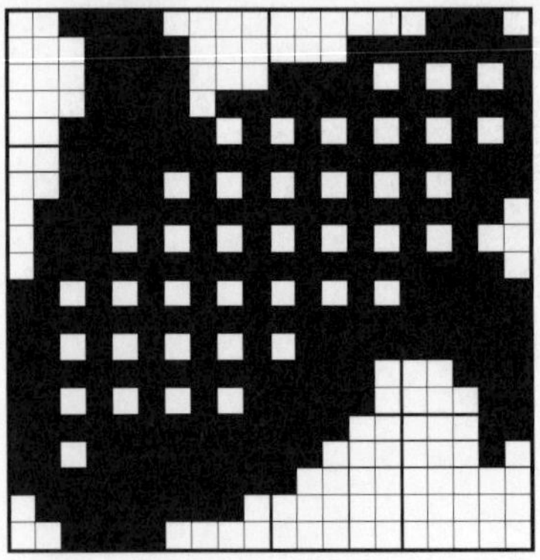

**A8** 알코올램프

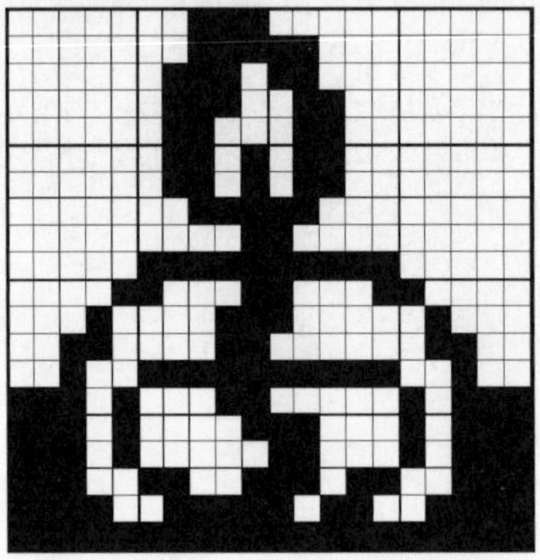

**A9 + A10** 버섯 집

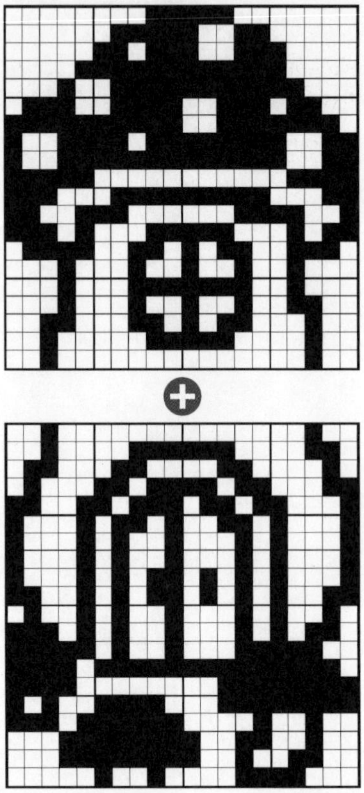

**A11** 책가방

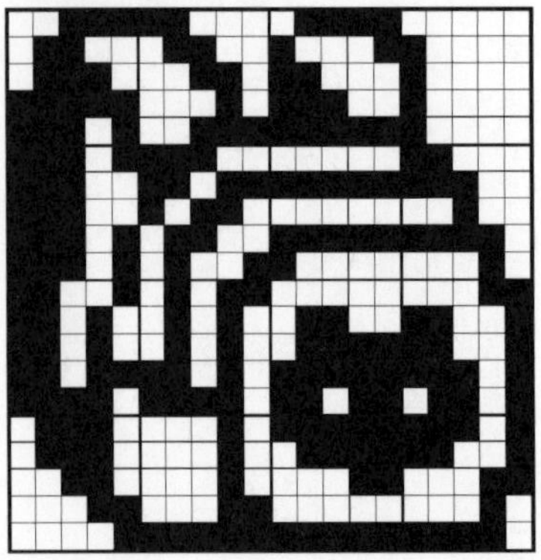

**A12** 나팔꽃

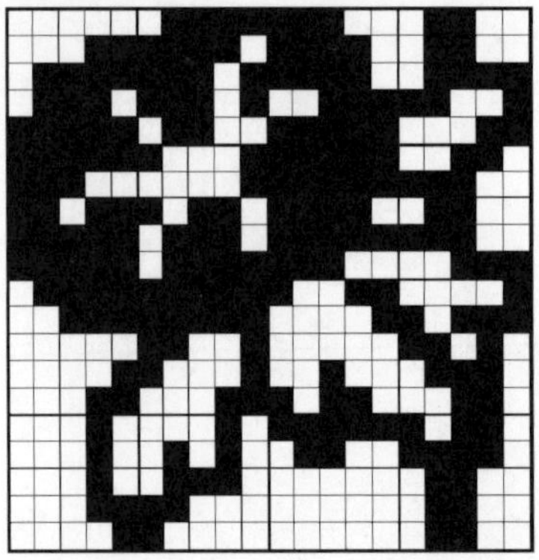

**A13 + A14** 말춤

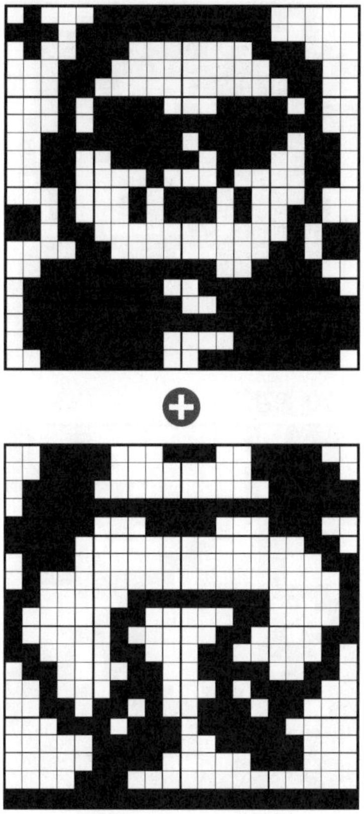

**A15** 주먹

**A16** 축구공

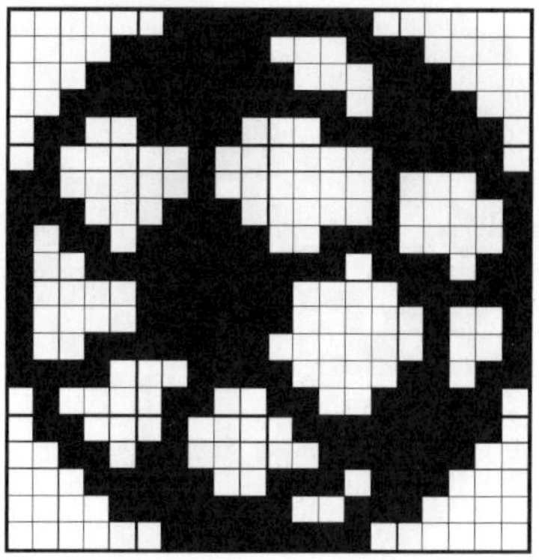

**A17 + A18** 컴퍼스

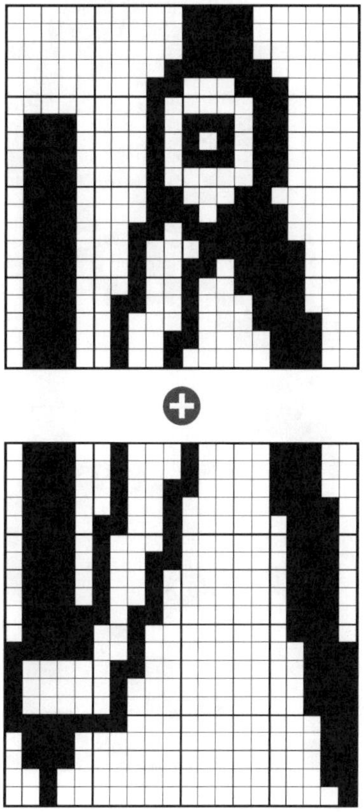

**A19** 치약

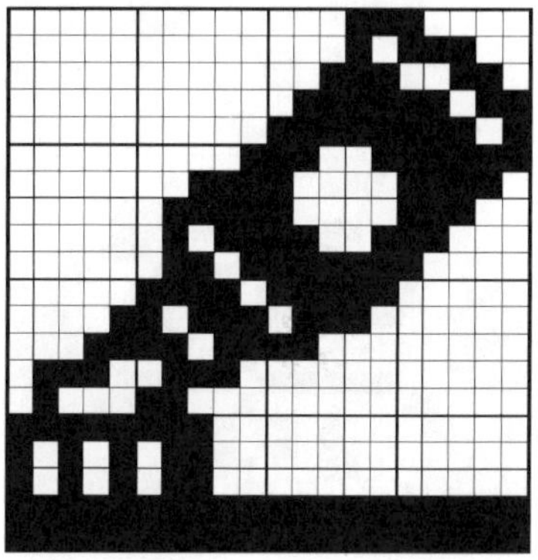

**A20** 맥주

**A21** 커튼

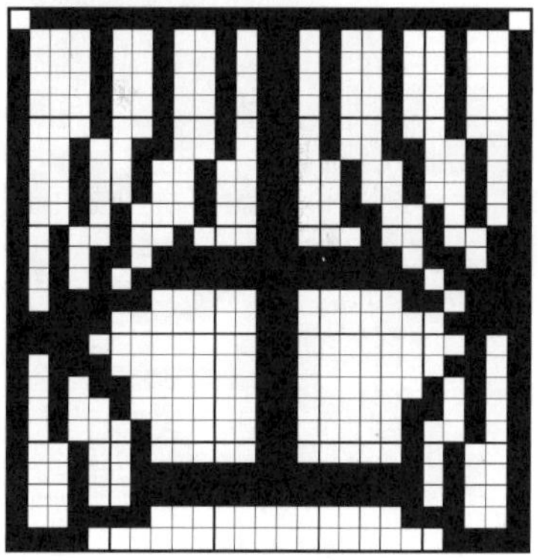

**A22 + A23** 자판기

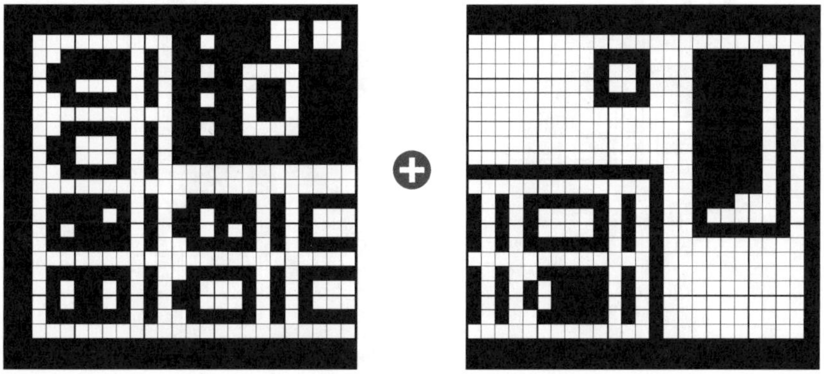

**A26** 태엽 인형

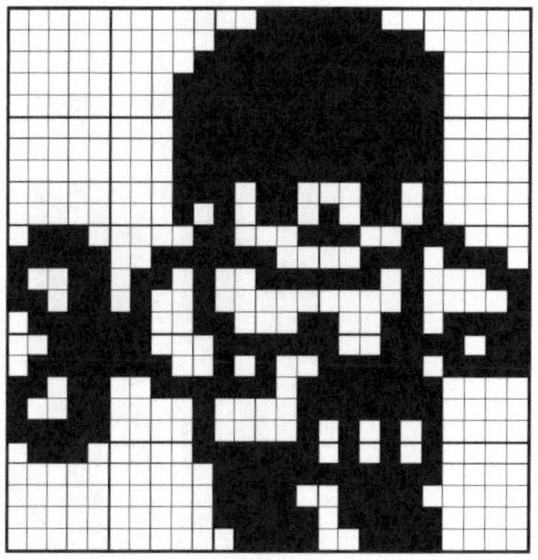

A24 + A25 사진 촬영

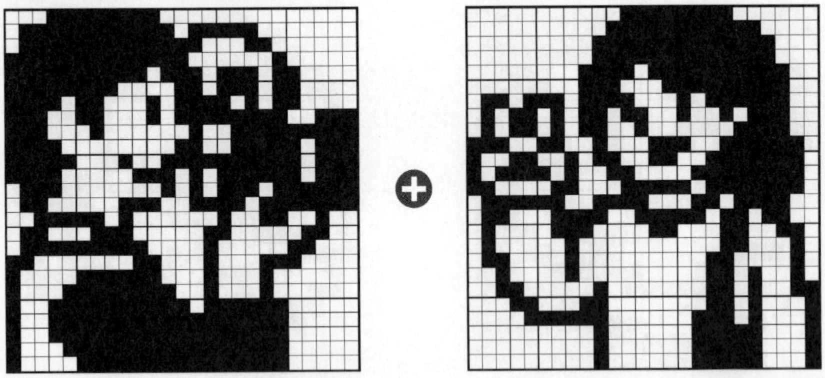

A27 깜빡

A28 + A29 얼음 낚시

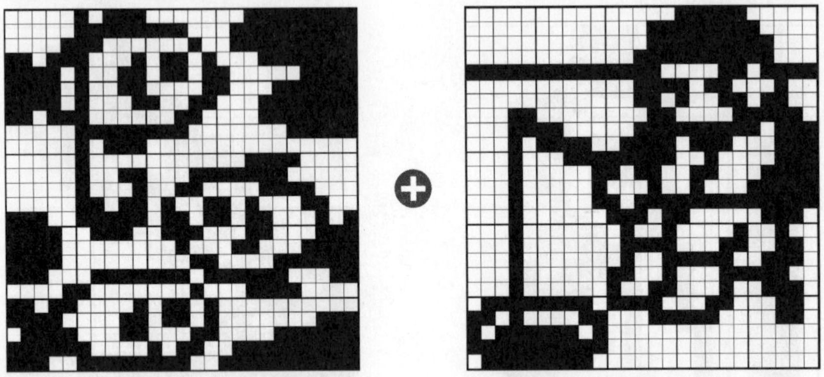

A30 목걸이

A31 윙크

A32 계란

A33 가뭄

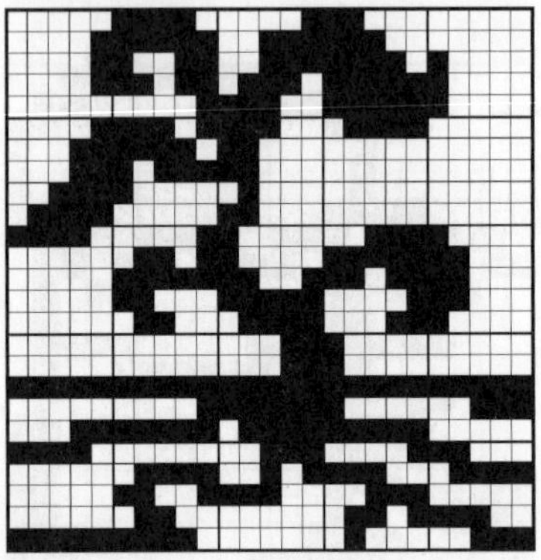

A34 팝콘

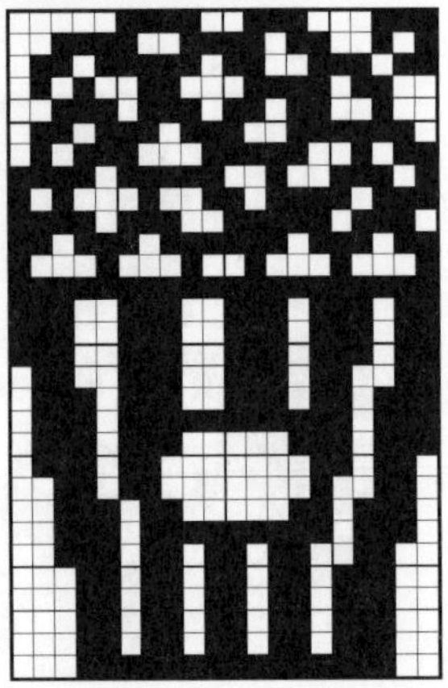

A35 여왕

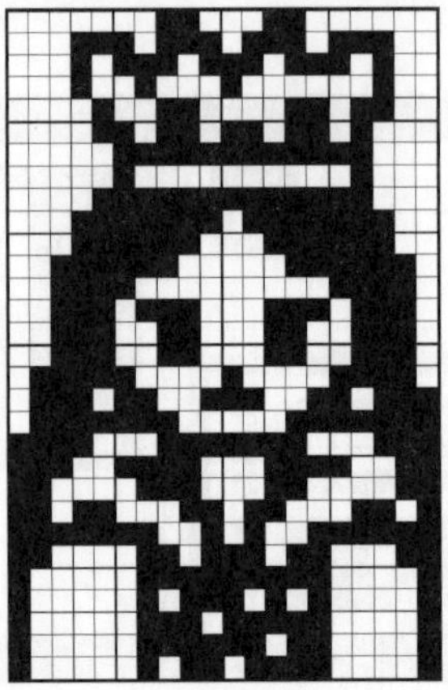

A36 모래시계

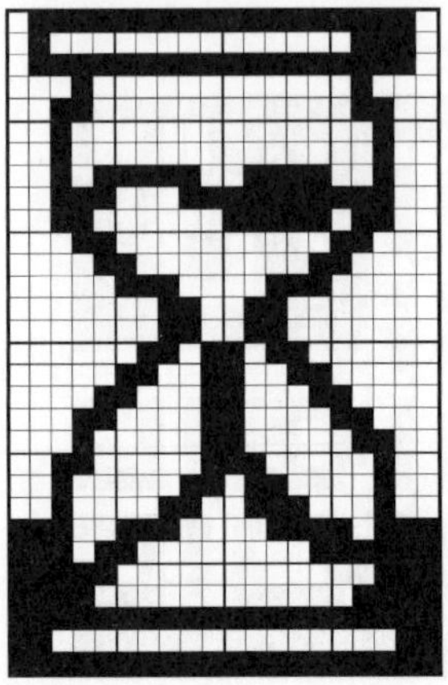

**A37** 멀티탭

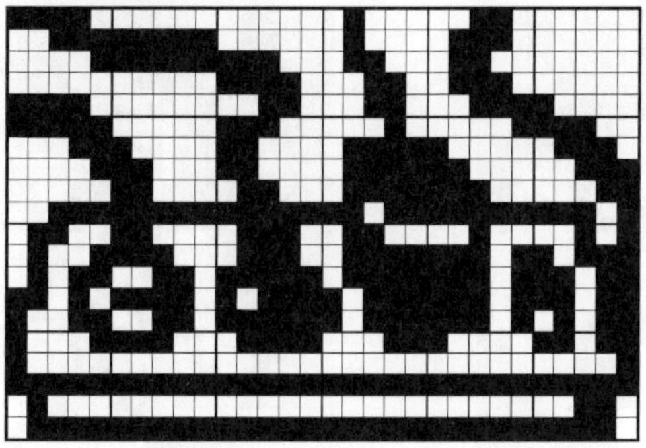

**A38** 송곳니

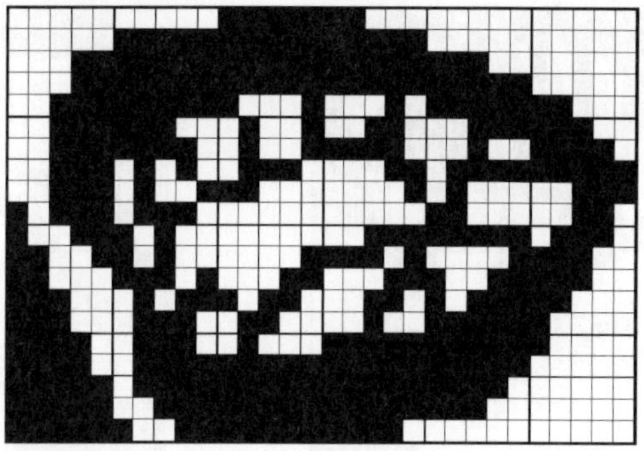

**A39** 하모니카

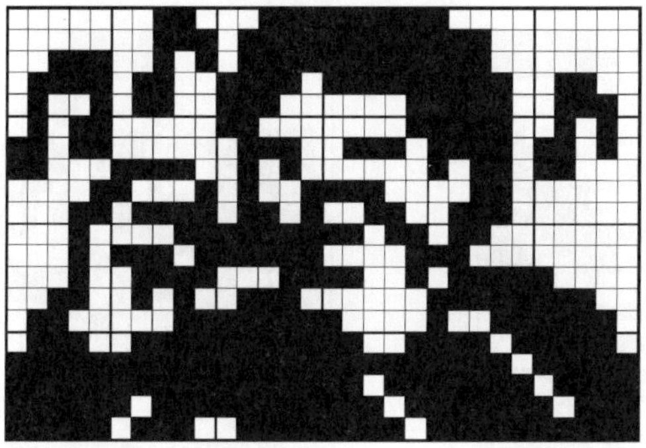

**A40** 목화솜

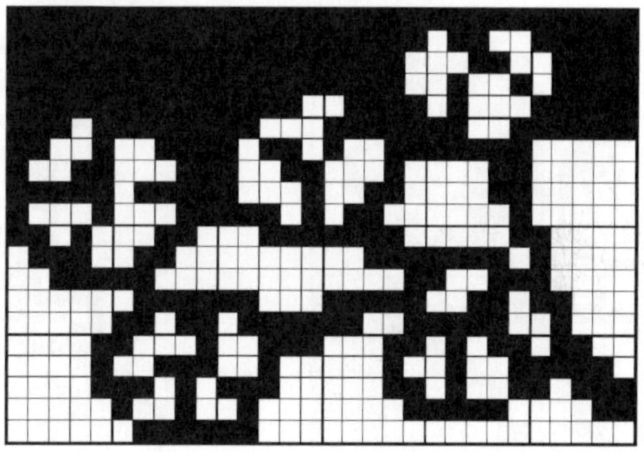

**A41** 연꽃

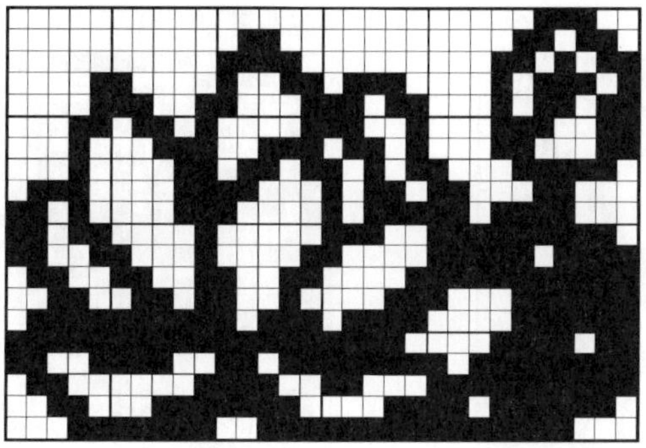

**A42** 땅콩

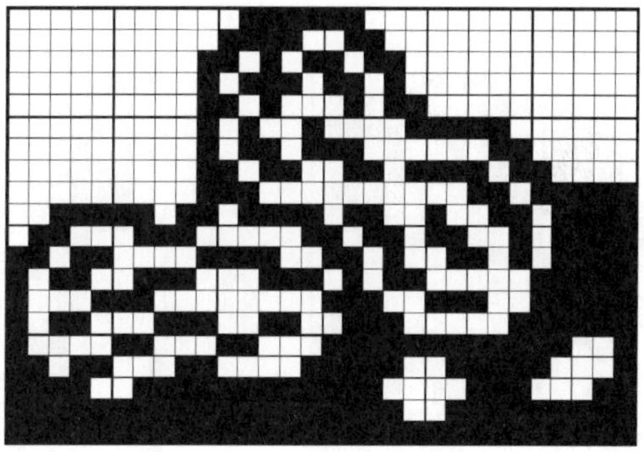

**B43** 박수

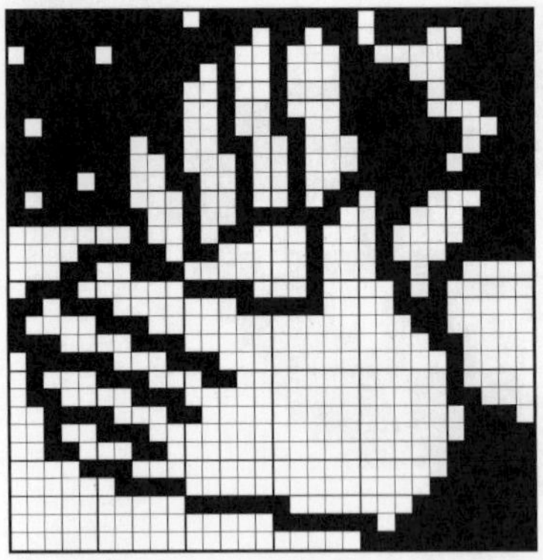

**B44** 손잡기

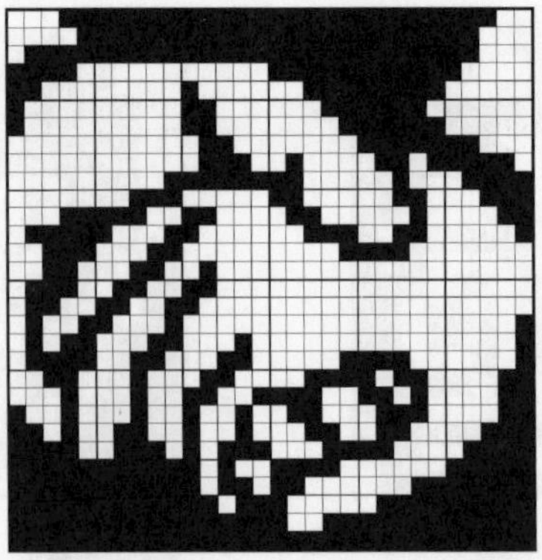

**B45** 소원

**B46** 포대기

**B47** 돈

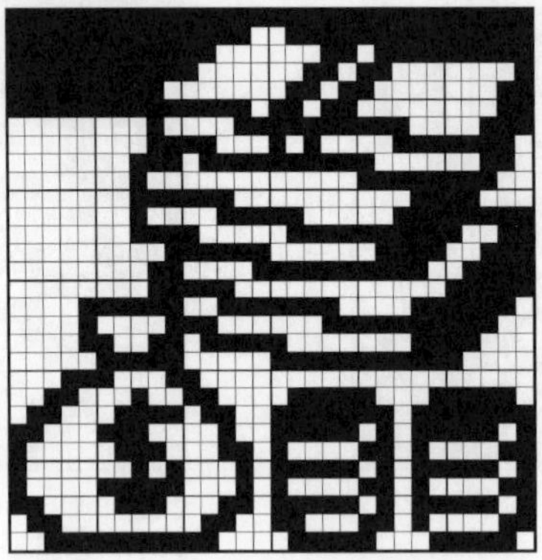

**B50** 킥보드

**B48 + B49** 리어카

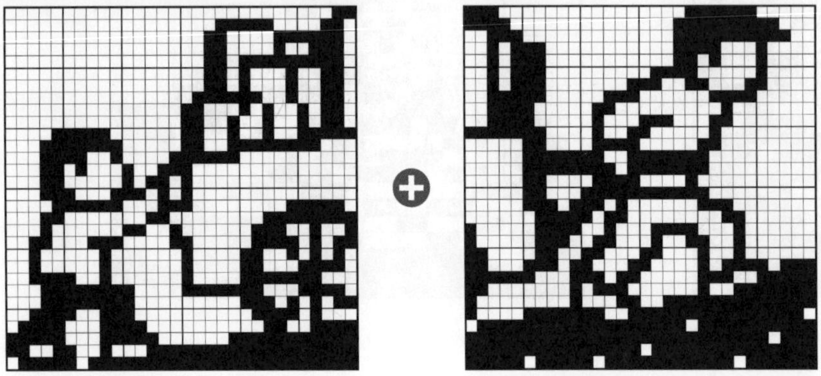

**B51** 옛날 전화

**B52 + B53** 양궁

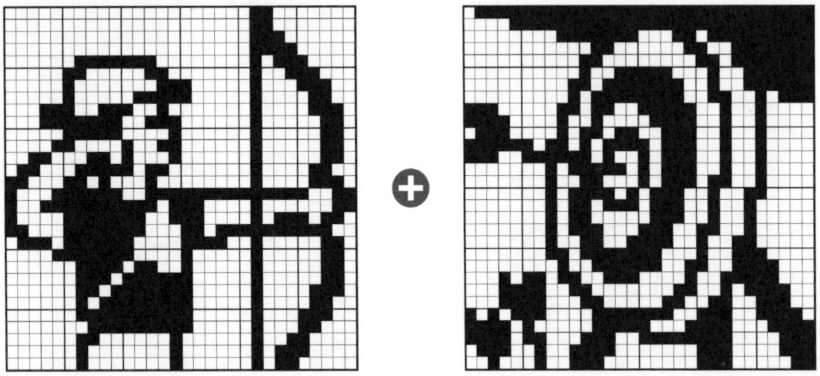

**B54** 목욕탕

**B55** 침팬지

**B56** 디스크

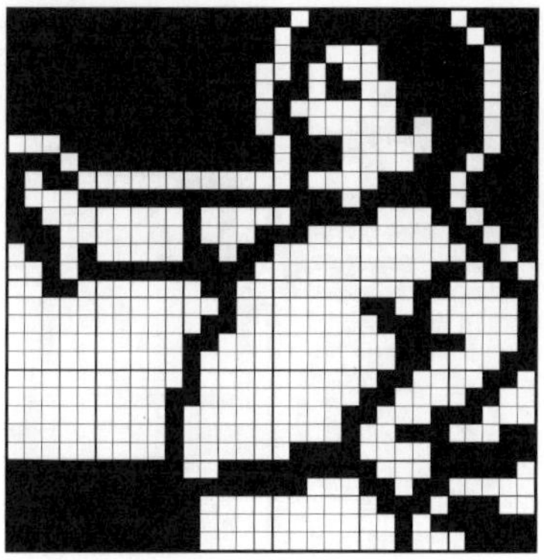

**B57** 볼링장

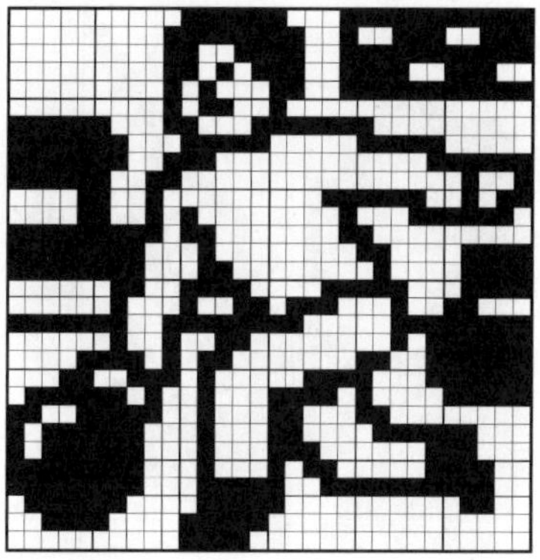

**B58** 네일 아트

**B59** 타조

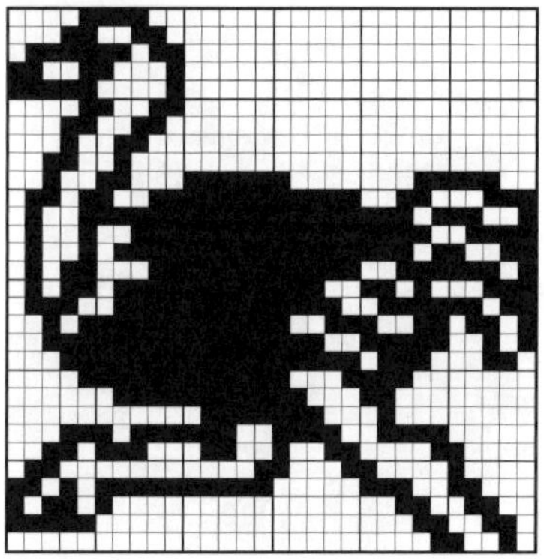

**B60** 죽음의 신

**B61** 교황

**B62 + B63** 노천카페

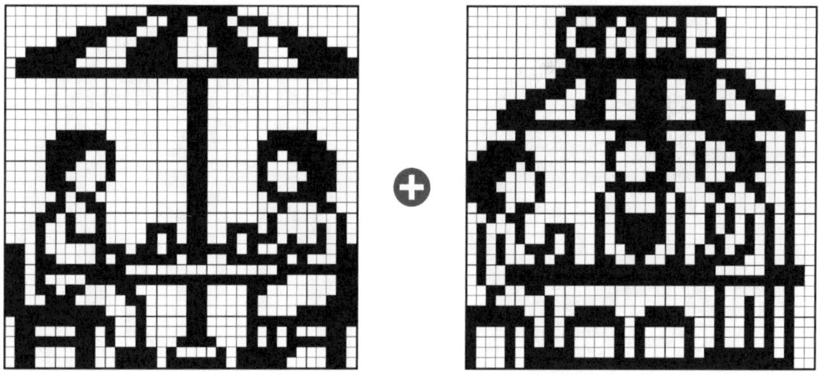


**B64** 석가모니

**B65** 도끼

**B66** 승무

**B67** 지휘자

**B68** 세탁

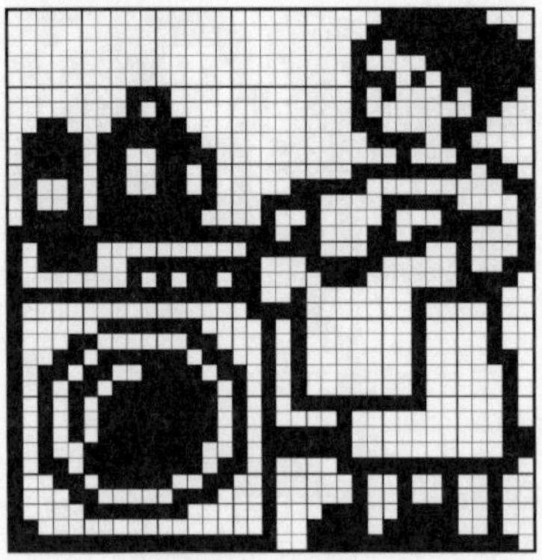

**B69** 옷 입기

**B70** 밑 빠진 독에 물 붓기

**B71** 호랑이 담배 피우던 시절

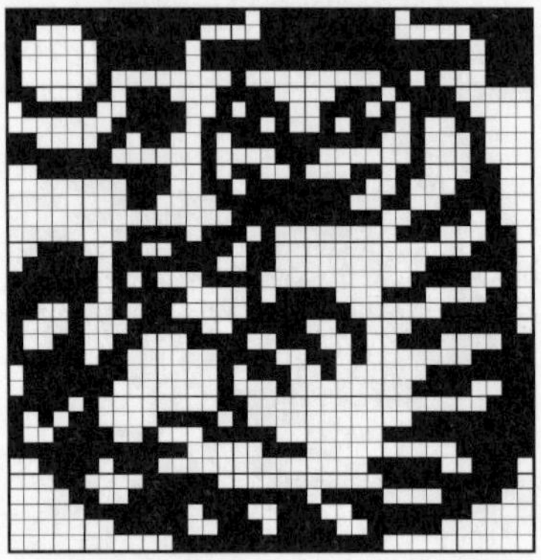

**B72** 마사지

**B73** 마패

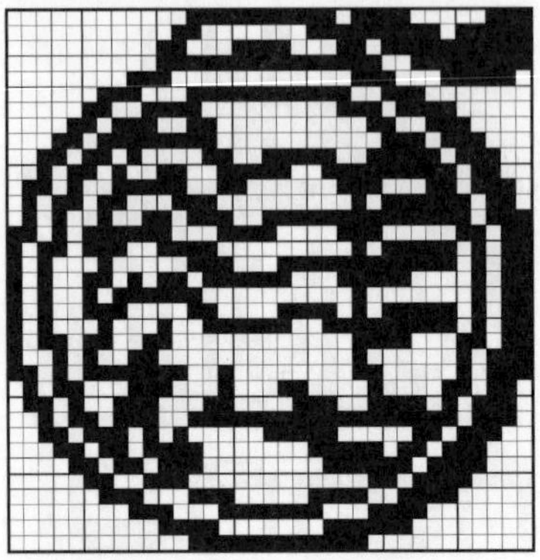

**B74** 귀마개

**B75** 실과 고양이

**B76** 감전

**B77** 슈퍼히어로

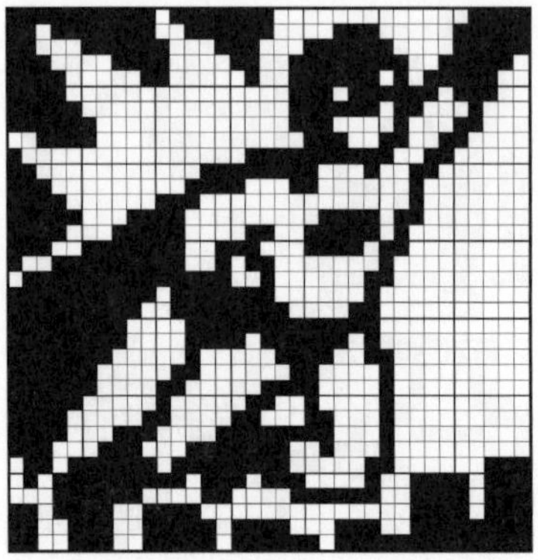

**B78** 핵폭탄

**C79** 골프

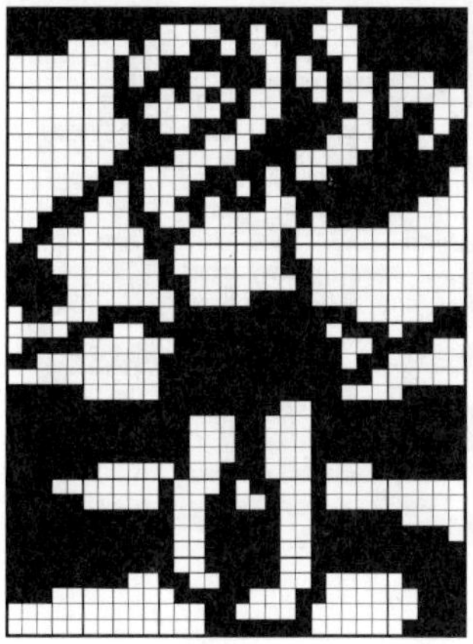

**C80** 스마트워치

**C81** 대머리수리

**C82** 기린

**C83** 저고리

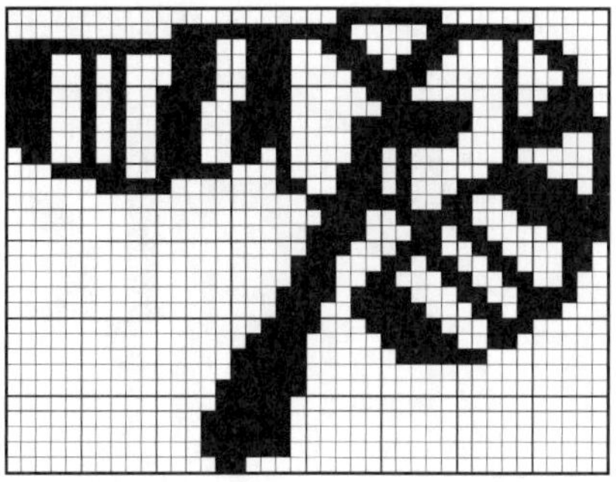

**C84** 증기 기관차

**C85** 카라반

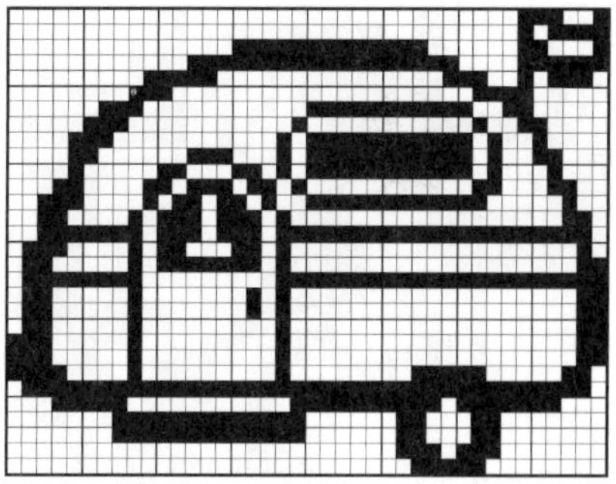

**C86** 목장

**C87** 호박 마차

**C88** 코로나 검사

**C89** 소화기

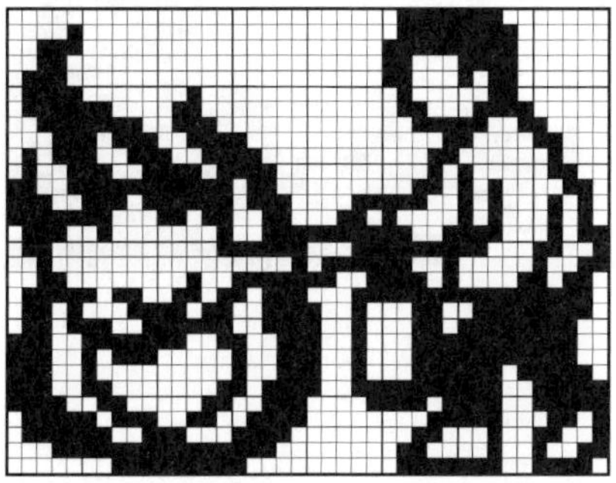

**C90** 세배

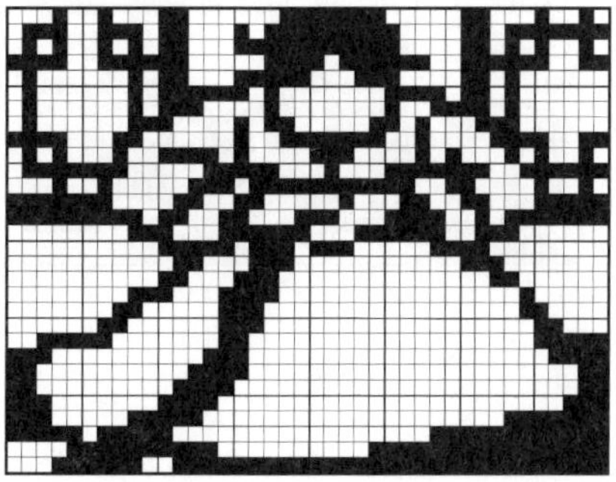

**C91** 신문

**C92** 시험공부

**C93** 궁전

**C94** 청소기

**C95** 인형극

**C96** 지하철

**C97** 파이프 담배

**C98** 승무원

**C99** 거북이 어항

**C100** VR 기기

**C101** 벤치

**C102** 냉장고

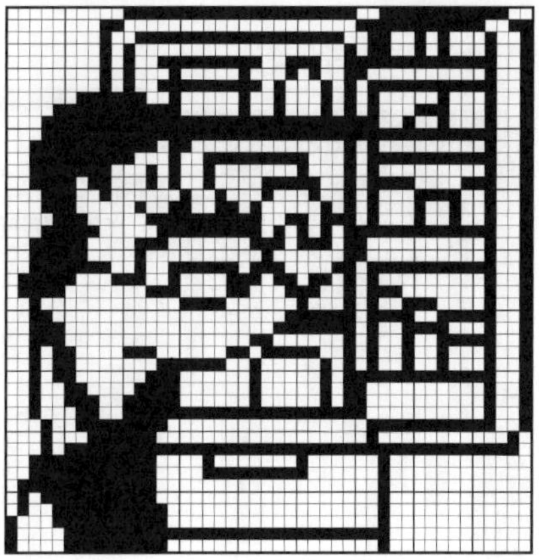

**C103** 승마

**C104 + C105** 편의점

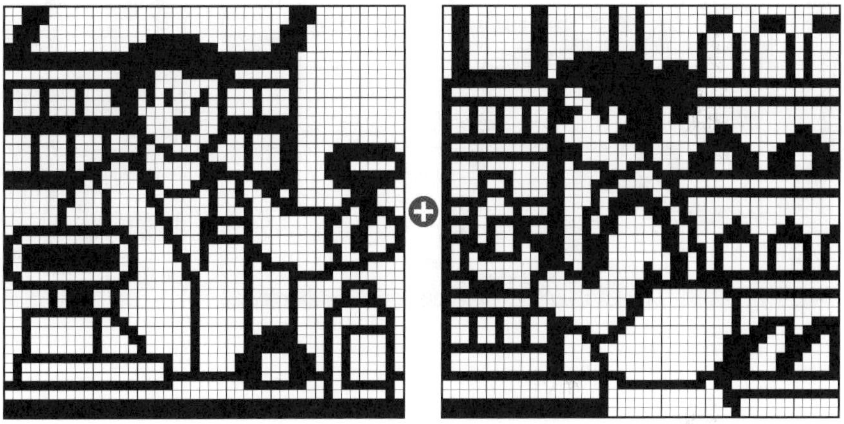

**C106** 나무 위의 집

**C107** 가판대

**C108** 약국

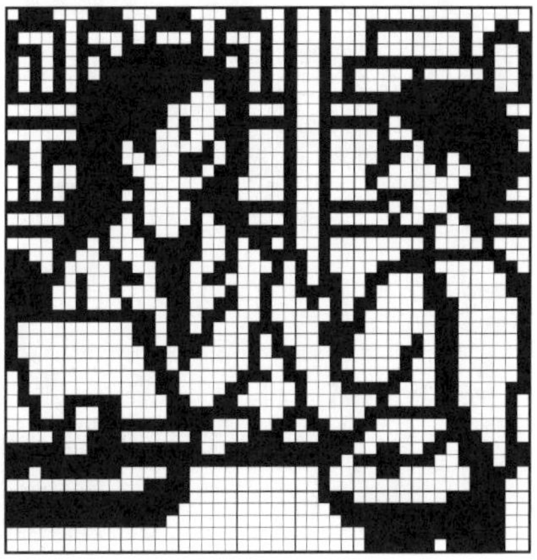

## D109 마취통증의학과

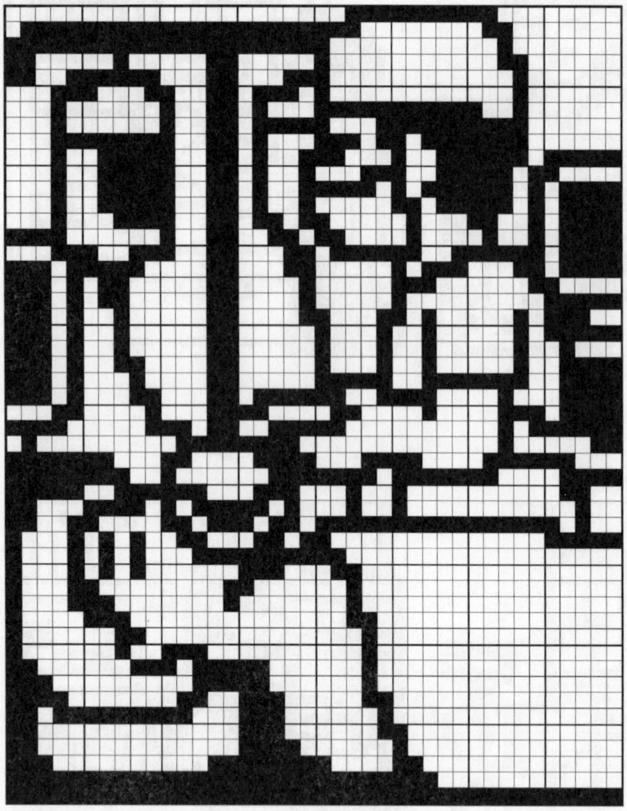

## D110 치과

## D111 성형외과

## D112 재활의학과

**D113** 정신건강의학과

**D114** 비뇨의학과

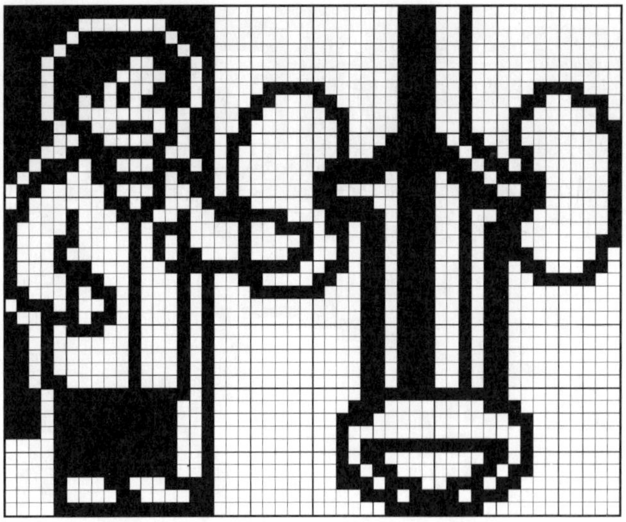

**D115** 산부인과

**D116** 정형외과

**D117** 응급의학과

**D118** 이비인후과

**D119** 안과

**D120** 소아과